职业院校汽修专业通用教材
项目驱动、任务引领型教材

QI CHE XING SHI
YU ZHI DONG XI TONG JIAN XIU

（微课版）

汽车行驶、转向与制动系统检修

上海景格科技股份有限公司　编

华东师范大学出版社
·上海·

图书在版编目(CIP)数据

汽车行驶、转向与制动系统检修/上海景格科技股份有限公司编. —上海:华东师范大学出版社,2018
ISBN 978-7-5675-7663-6

Ⅰ.①汽… Ⅱ.①上… Ⅲ.①汽车-行驶系-车辆检修-职业教育-教材②汽车-转向装置-车辆检修-职业教育-教材③汽车-制动装置-车辆检修-职业教育-教材 Ⅳ.①U472.41

中国版本图书馆 CIP 数据核字(2018)第 108772 号

汽车行驶、转向与制动系统检修

编　　者　上海景格科技股份有限公司
策划组稿　李　琴
项目编辑　蒋梦婷
责任校对　孙　鹏
装帧设计　庄玉侠

出版发行　华东师范大学出版社
社　　址　上海市中山北路3663号　邮编 200062
网　　址　www.ecnupress.com.cn
电　　话　021-60821666　行政传真 021-62572105
客服电话　021-62865537　门市(邮购)电话 021-62869887
地　　址　上海市中山北路3663号华东师范大学校内先锋路口
网　　店　http://hdsdcbs.tmall.com

印　刷　者　上海新华印刷有限公司
开　　本　787毫米×1092毫米　1/16
印　　张　14
字　　数　310千字
版　　次　2018年9月第1版
印　　次　2024年2月第2次
书　　号　ISBN 978-7-5675-7663-6/G·11080
定　　价　38.80元

出版人　王　焰

(如发现本版图书有印订质量问题,请寄回本社客服中心调换或电话 021-62865537 联系)

内容简介

NEIRONGJIANJIE

　　本书根据职业教育理实一体化课程改革思想编写,强调以实践为主,理论为辅。筛选典型的工作任务,以贴近生产实际的案例设计课程内容,让学生在实践中掌握解决问题的方法和技能。

　　本书主要内容包括行驶系统检修、转向系统检修、制动系统检修三个典型项目。

　　本书主要供职业学校汽车运用与维修等专业教学使用,还可以作为汽车维修人员和汽车技术爱好者自学用书。

前言

QIANYAN

根据《国家中长期教育改革和发展规划纲要(2010—2020年)》的精神,为了推进职业教育课程改革和教材建设进程,我们将理实一体化课程改革理念作为职业教育课程改革的主导理念,以工作任务为课程设置与内容选择的参照点,以任务为单位组织内容并以任务活动为主要学习方式,编写汽车运用与维修专业的系列课程教材。本教材既是汽车各专业必修的核心课程教材之一,也是上述系列课程教材之一。

党的二十大报告指出,"人才培养是育人和育才相统一的过程,教育传授学生的不仅是知识,更重要的是价值观塑造、能力锻造、人格养成"。教材以启发式、体验式、互动式的教学模式,培养学生的良好品行、动手能力、创新精神和人文素养。

本系列课程教材与项目课程教学软件的设计和编制同步进行,是任务课程教学软件的配套教材。

本项目课程教材的主要特色有:

1. 课程强调以实践为主,理论为辅。
2. 以能力为本位,以就业为导向,面向最贴近生产实际的教学任务。
3. 体现做中学的教学理念。
4. 目的在于教会学生对汽车故障现象的判断能力,表现为:①会做;②掌握为什么这样做。
5. 以职业院校覆盖面较广的丰田卡罗拉等车型教具为范例,以车间典型工作任务为教学内容,教会学生完成任务所需的知识与技能,其他车型车系可举一反三。
6. 课程设计采用文字、图像、动画,以及视频、虚拟仿真等多媒体教学形式,形成纸质教材、教学 PPT、教学资源包、虚拟仿真软件相互配套的课程包。

  本课程是校企合作共同开发的课程,适应各地职业院校汽车运用与维修等专业教学,希望各校在选用本项目课程教材实施教学的过程中,及时提出意见和建议,以便我们在修订时改正和完善。

编者

2018.08

目 录

项目一　行驶系统检修 ··· 1
学习任务 1　检查轮胎及进行轮胎换位 ·· 3
学习任务 2　检查车轮动平衡 ·· 16
学习任务 3　检查悬架系统 ··· 29
学习任务 4　四轮定位 ·· 52
学习拓展 ··· 71

项目二　转向系统检修 ··· 77
学习任务 1　检查转向盘自由行程 ·· 79
学习任务 2　检查与更换转向助力油 ·· 89
学习任务 3　检查与更换转向助力泵 ··· 102
学习任务 4　检查与更换转向器 ·· 115
学习拓展 ··· 129

项目三　制动系统检修 ··· 131
学习任务 1　检查与调整制动踏板行程 ·· 133
学习任务 2　检查与调整驻车制动装置 ·· 144
学习任务 3　检查与更换盘式制动器 ··· 150
学习任务 4　检查与更换鼓式制动器 ··· 162
学习任务 5　检查与更换制动液 ··· 174
学习任务 6　ABS 主要元件检测 ·· 188
学习任务 7　ABS 常见故障诊断 ·· 202

项目一　行驶系统检修

项目导入

　　汽车底盘行驶系统是将汽车总成和零部件构成一个整体、形成汽车驱动力、保证汽车平顺行驶的主要系统,其主要总成和零部件的技术状况会直接影响车辆的正常行驶。

　　本任务主要通过对行驶系统常见故障的诊断和故障成因的分析,对行驶系统主要总成和零部件进行检修。

学习目标

素养目标

- 了解安全操作要求,养成安全文明操作的习惯。
- 养成组员之间互相协作的习惯。
- 实训操作结束后,清洁工具,并将工具设备归位,清洁场地。

技能目标

- 掌握检查轮胎及轮胎换位、车轮动平衡、悬架系统、四轮定位的技能和方法,并能规范、熟练地进行作业。

知识目标

- 描述车轮、车轮动平衡、悬架系统、四轮定位的结构、功用。
- 根据不同的作业选择合适的工具并规范地使用。

学习任务

(1) 检查轮胎及进行轮胎换位。
(2) 检查车轮动平衡。
(3) 检查悬架系统。
(4) 四轮定位。

学习任务 1　检查轮胎及进行轮胎换位

任务目标

- 描述车轮功用、轮胎类型、子午线轮胎结构、轮胎规格标记方法、轮胎换位。
- 概述轮胎异常磨损的常见形式与原因。
- 掌握轮胎检查及换位作业的方法与技能,并能熟练地操作。

学习重点

- 轮胎检查及换位作业的方法与技能。

知识准备

（一）车轮功用

车轮与轮胎是汽车行驶系统中的重要部件,它们的功用包括：支承整车；缓和由路面传来的冲击力；通过轮胎同路面间存在的附着力来产生驱动力和制动力；汽车转弯行驶时产生平衡离心力的侧抗力,在保证汽车正常转向行驶的同时,通过车轮产生的自动回正力矩,使汽车保持直线行驶；承担越障和起到提高通过性的作用；等等。如图 1-1-1 所示。

图 1-1-1　车轮功用

（二）轮胎类型

（1）汽车轮胎按胎体结构不同,可分为充气轮胎和实心轮胎。现在汽车绝大多数采用充气轮胎。按胎内空气压力的高低,充气轮胎可分为高压胎、低压胎和超低压胎三类,如图 1-1-2 所示。

图 1-1-2　按胎内空气压力分类

（2）轮胎按照胎面花纹不同,可分为普通花纹轮胎、越野花纹轮胎和混合花纹轮胎,如图 1-1-3 所示。

图 1-1-3　按胎面花纹分类

（3）轮胎按照结构不同,可分为有内胎轮胎和无内胎轮胎两种,如图 1-1-4 所示。

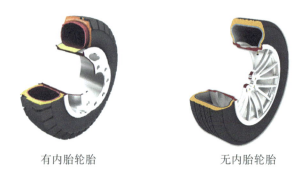

图 1-1-4　按结构分类

(4) 轮胎按胎体帘线排列的方向不同，分为普通斜交轮胎、带束斜交轮胎和子午线轮胎，如图 1-1-5 所示。

普通斜交轮胎

子午线轮胎

图 1-1-5　按胎体帘线排列方式分类

（三）子午线轮胎结构

丰田卡罗拉轿车采用的是子午线轮胎，其结构主要由帘布层、带束层、胎冠、胎肩、胎侧和胎圈组成，并以带束层箍紧胎体，如图 1-1-6 所示。

图 1-1-6　子午线轮胎结构

（四）轮胎规格标记方法

充气轮胎尺寸的标记如图 1-1-7 所示。其中，D 为轮胎外径、d 为轮胎内径、H 为轮胎断面高度、B 为轮胎断面宽度。轮胎断面高度 H 与 B 之比称为轮胎的高宽比，又称做轮胎的扁平率(以百分比表示)，即 $(H/B) \times 100\%$。常见的高宽比有 80%、75%、70%、60%、55% 等。

$$\text{轮胎高宽比} = \frac{\text{轮胎断面高度} H}{\text{轮胎断面宽度} B} \times 100\%$$

D 轮胎外径
d 轮胎内径
H 轮胎断面高度
B 轮胎断面宽度

图 1-1-7 轮胎规格标记

目前，充气轮胎规格标记一般习惯用英制单位表示法，欧洲国家常用米制单位表示法，还有些国家英制和米制单位混用，个别国家也用字母作为代号来表示轮胎规格尺寸。我国轮胎规格标记主要采用英制单位，有时也用英制和米制单位混合表示。如：185/60R1380H，其中，185 表示轮胎名义断面宽度（mm）、60 表示轮胎名义高宽比、R 表示子午线结构代号、13 表示轮辋名义直径（in）、80 表示负载指数、H 表示速度级别代号。轮胎速度级别代号见表 1-1-1，汽车轮胎载重代号见表 1-1-2。

表 1-1-1 轮胎速度级别表

速度符号	最高速度	速度符号	最高速度
E	70 km/h	Q	160 km/h
F	80 km/h	R	170 km/h
G	90 km/h	S	180 km/h
J	100 km/h	T	190 km/h
K	110 km/h	U	200 km/h
L	120 km/h	H	210 km/h
M	130 km/h	W	220 km/h
N	140 km/h	Y	230 km/h
P	150 km/h	Z	240 km/h

表 1-1-2　汽车轮胎载重表

载重代号	kg	载重代号	kg	载重代号	kg	载重代号	kg
50	190	70	335	90	600	110	1 060
51	195	71	345	91	615	111	1 090
52	200	72	355	92	630	112	1 120
53	206	73	365	93	650	113	1 150
54	212	74	375	94	670	114	1 180
55	218	75	387	95	690	115	1 215
56	224	76	400	96	710	116	1 250
57	230	77	412	97	730	117	1 285
58	236	78	425	98	750	118	1 320
59	243	79	437	99	775	119	1 360
60	250	80	450	100	800	120	1 400
61	257	81	462	101	825	121	1 450
62	265	82	475	102	850	122	1 500
63	272	83	487	103	875	123	1 550
64	280	84	500	104	900	124	1 600
65	290	85	515	105	925	125	1 650
66	300	86	530	106	950	126	1 700
67	307	87	545	107	975	127	1 750
68	315	88	560	108	1 000	128	1 800
69	325	89	580	109	1 030	129	1 850
						130	1 900

（五）轮胎异常磨损的常见形式与原因

在使用中,轮胎除了正常磨损外,也会由于使用不当而出现不正常磨损,如图 1-1-8 所示。

（1）轮胎的中央部分磨损量过大：主要原因是充气量过大。适当提高轮胎的充气量,可以减小轮胎的滚动阻力,节约燃油。但充气量过大时,不但影响轮胎的减振性能,还会使轮胎变形量过大,与地面的接触面积减小,磨损只能由胎面中央部分承担,形成早期磨损。如果在窄轮辋上选用宽轮胎,也会造成中央部分早期磨损。

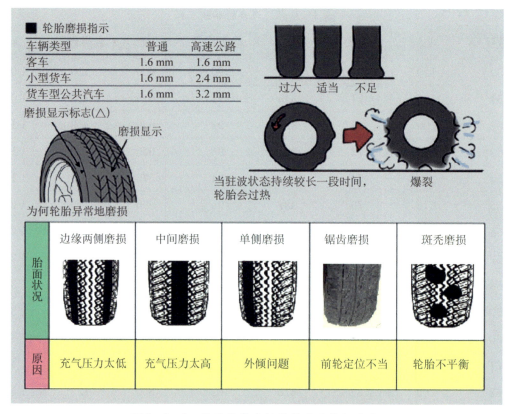

图 1-1-8 轮胎异常磨损的常见形式与原因

(2) 轮胎两边磨损量过大：主要原因是充气量不足，或长期超负荷行驶。充气量小或负荷重时，轮胎的两边与地面接触面大，易形成早期磨损。

(3) 轮胎的一侧磨损量过大：主要原因是前轮定位失准。当前轮的外倾角过大时，易在轮胎的外边形成早期磨损；当外倾角过小或没有时，则轮胎的内边易形成早期磨损。

(4) 轮胎胎面出现锯齿状磨损：主要原因是前轮定位不当或前悬架系统位置失常、球头松旷等，使正常滚动的车轮发生滑动或行驶中车轮定位不断变动而形成轮胎锯齿状磨损。

(5) 轮胎出现斑秃形磨损：在轮胎的个别部分出现斑秃形严重磨损的原因是轮胎平衡性差。当不平衡的车轮高速转动时，个别部位受力大，磨损加快，同时转向操纵性能差。若在行驶中发现在某一个特定速度下有轻微抖动时，就应该对车轮进行平衡，以防出现斑秃形磨损。

（六）轮胎换位

为使轮胎均匀磨损，汽车每行驶 6 000—8 000 km 应进行轮胎换位（包括备胎）。

不同规格或不同帘线结构的轮胎不得混合使用，不得使用低于规定层级的轮胎，不许混用窄轮辋或窄轮胎。

如图 1-1-9 所示，两前轮与两后轮交换，后轮平移，这种四轮换位方法的优点很多。前轮的旋转方向没有改变，可以保持很好的操控性和稳定性。前驱车的驱动和转向都是由前轮担负,前轮换位后的旋转方向一致性是保证行车稳定性和良好操控性的关键。后轮只是随动和负重,轮胎旋转方向的变化对后轮来说影响很小。这样的换位方法可以最大限度地提高操控性和稳定性,同时又能使四轮磨损均匀。经推算,如此的换位顺序,经过四次后,四轮在各个位置都被使用过,第五次开始一个新的换位循环。如果每次换位后,再对前轮进行一下动平衡,就是对轮胎最好的保养维护。

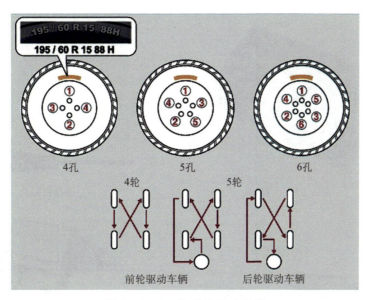

图 1-1-9 轮胎换位路线图

(一) 实施方案

1. 质量要求

参照厂家的质量标准要求。

2. 组织方式

每四位同学一组,检修丰田 2007 款卡罗拉 1.6L/AT 轿车的轮胎并进行轮胎换位,按照企业岗位操作规范进行作业。每组作业时间为 20 min。

3. 作业准备

(1) 技术要求与标准(表 1-1-3 和表 1-1-4)。

表 1-1-3 轮胎气压技术标准

车型	前轮胎气压	后轮胎气压
卡罗拉轿车	220 kPa	220 kPa

表1-1-4 轮胎花纹深度标准

名称	最小值
轮胎花纹深度	1.6 mm

(2) 设备器材(图1-1-10)。

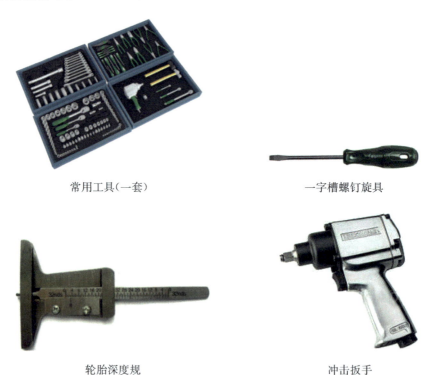

常用工具(一套)　　　　一字槽螺钉旋具

轮胎深度规　　　　冲击扳手

图1-1-10 设备器材

(3) 场地设施：带消防设施的场地。

(4) 设备设施：丰田2007款卡罗拉1.6L/AT轿车一辆、举升机、工具车、标保工具车、零件车、垃圾桶。

(5) 耗材：染色剂、干净抹布、泡沫清洗剂等。

（二）操作步骤

图1-1-11 举升车辆

(1) 按照举升机操作规范举升车辆至合适高度，如图1-1-11所示。

（2）检查前轮轮毂轴承是否松旷，转动是否正常，如图1-1-12所示。

图1-1-12　检查前轮轮毂轴承

（3）选用冲击扳手、21 mm冲击扳手套筒，依次拆卸前车轮固定螺栓，然后取下车轮，如图1-1-13所示。

图1-1-13　拆卸前车轮固定螺栓

（4）检查后轮轮毂轴承是否松旷，转动是否正常，如图1-1-14所示。

图1-1-14　检查后轮轮毂轴承

（5）选用冲击扳手、21 mm冲击扳手套筒，依次拆卸后车轮固定螺栓，然后取下车轮，如图1-1-15所示。

图1-1-15　拆卸后车轮固定螺栓

2. 检查车轮

（1）按照维修手册规定选用一字槽螺钉旋具，检查轮胎花纹中是否有石子等异物，如有则使用一字槽螺钉旋具取出，如图1-1-16所示。

图1-1-16　清除异物

检查轮胎

图1-1-17　目视轮胎花纹情况

（2）目视检查轮胎花纹是否有磨损、异常损坏等现象，车轮轮辐、轮辋等是否有损坏等现象，如图1-1-17所示。

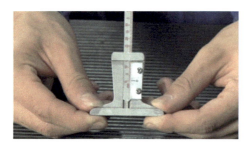

图1-1-18　选用轮胎花纹深度规

（3）按照维修手册规定选用轮胎花纹深度规，检查轮胎花纹深度规是否正常归零，如图1-1-18所示。

图1-1-19　检查轮胎花纹深度

（4）正确使用工具依次检查前后轮胎花纹深度是否正常，记录花纹深度值并与维修手册中的值对比，如果不符合规定，则更换新的轮胎，如图1-1-19所示。

（卡罗拉花纹深度极限值为1.6 mm）

图1-1-20　检查轮胎气压

（5）按照维修手册规定选用轮胎气压表，检查轮胎气压值是否在维修手册的规定范围内，如超出范围，则重新调整轮胎气压，使其达到维修手册规定的值，如图1-1-20所示。

（卡罗拉轮胎标准气压值为前轮220 kPa、后轮220 kPa）

3. 车轮换位安装

（1）将前后车轮进行互换，如图1-1-21所示。

图1-1-21　互换前后轮胎

（2）将车轮对正前车轮安装位置后，用手安装车轮固定螺栓，如图1-1-22所示。

图1-1-22　确定前轮安装位置

（3）按照维修手册规定，选用21 mm套筒、接杆、棘轮扳手，然后使用工具预紧车轮固定螺栓，如图1-1-23所示。

图1-1-23　预紧螺栓

（4）将车轮对正后车轮安装位置后，用手安装车轮固定螺栓，如图1-1-24所示。

图1-1-24　安装后车轮固定螺栓

（5）按照举升机操作规范降下车辆，如图1-1-25所示。

图1-1-25　降下车辆

（6）按照维修手册规定选用21 mm套筒、接杆、扭力扳手，调整扭力扳手（力矩：100 N·m），按照对角的顺序紧固前车轮固定螺栓，如图1-1-26所示。

（7）按照同样的方法紧固后车轮固定螺栓。

图1-1-26　紧固螺栓

（一）车轮功用

车轮与轮胎是汽车行驶系统中的重要部件，其功用包括：支承整车；缓和由路面传来的冲击力；通过轮胎同路面间存在的附着力作用来产生驱动力和制动力；汽车转弯行驶时产生平衡离心力的侧抗力，在保证汽车正常转向行驶的同时，通过车轮产生的自动回正力矩，使汽车保持直线行驶方向；承担越障和起到提高通过性的作用。

（二）车轮轮胎分类

充气轮胎按胎体中帘线排列的方向不同，可分为普通斜交轮胎、带束斜交轮胎和子午线轮胎。

（三）轮胎更换注意事项

为使轮胎均匀磨损，汽车每行驶 6 000—8 000 km 应进行轮胎换位，换位要包括备胎。

不同规格或不同帘线结构的轮胎不得混合使用，不得使用低于规定层级的轮胎，不许混用窄轮辋或窄轮胎。

（四）检查轮胎及换位的步骤

（1）用举升机将车辆升至合适高度。
（2）检查前、后轮轮毂轴承是否松旷，转动是否正常。
（3）用一字槽螺钉旋具检查轮胎花纹中有无异物。
（4）目视车轮轮辐、轮辋等是否有磨损、损坏等现象。
（5）用轮胎花纹深度规检查前、后轮胎花纹深度是否正常。
（6）使用轮胎气压表检测轮胎气压值。
（7）对准前、后车轮安装位置，并安装车轮固定螺栓。
（8）用举升机降下车辆。
（9）按照对角的顺序紧固前、后车轮固定螺栓。

（一）课堂练习

1. 判断题

（1）通常子午线轮胎的高宽比为 80%、75%、70%、60%、55%、50%。（　　）
（2）轮胎的高宽比（扁平率）越小，说明轮胎的断面越窄，故高宽比小的轮胎称为窄断面轮胎。（　　）

2. 单选题

(1) 卡罗拉轿车轮胎标准气压值为（　　）。
　　A. 前轮 200 kPa、后轮 220 kPa　　　　B. 前轮 220 kPa、后轮 200 kPa
　　C. 前轮 220 kPa、后轮 220 kPa　　　　D. 前轮 230 kPa、后轮 230 kPa

(2) 卡罗拉轿车轮胎花纹深度极限值为（　　）。
　　A. 1.6 mm　　　B. 1.8 mm　　　C. 1.4 mm　　　D. 1.9 mm

（二）技能评价（表 1-1-5）

表 1-1-5　技能评价表

序号	内　　容	分值	得分
1	用举升机将车辆升至合适高度	5	
2	检查前、后轮轮毂轴承是否松旷，转动是否正常	10	
3	用一字槽螺钉旋具检查轮胎花纹中有无异物	5	
4	目视车轮轮辐、轮辋等是否有磨损、损坏等现象	10	
5	用轮胎花纹深度规检查前、后轮花纹深度是否正常	20	
6	使用轮胎气压表检测轮胎气压值	5	
7	对准前、后车轮安装位置，并安装车轮固定螺栓	20	
8	用举升机降下车辆	5	
9	按照对角的顺序紧固前、后车轮固定螺栓	20	
	总分	100	

（注：操作正确即得分，操作错误或未进行操作即 0 分）

学习任务 2　检查车轮动平衡

任务目标

- 描述车轮静不平衡的实质、车轮动不平衡的实质。
- 概述车轮动不平衡的原因、危害。
- 描述车轮平衡机分类。
- 掌握检查车轮动平衡作业的方法与技能,并能熟练地操作。

学习重点

- 检查车轮动平衡作业的方法与技能。

知识准备

(一)车轮静不平衡的实质

车轮静不平衡的实质就是车轮的质心(质量中心,指物质系统上被认为质量集中于此的一个假想点)和车轮旋转中心(车轮围绕转动的中心)不重合。在图 1-2-1 中,车轮旋转时,M 点产生的离心力 F 可分解为 F_x 和 F_y,这个离心力使车轮运转不平衡。

在确保安全的前提下,支起轮轴,调整好轮毂轴承松紧度,用手轻轻转动车轮,使其自然停转。重复上述实验,若车轮始终停止在某一点,则车轮静不平衡;如果每次停止的位置不一样,则车轮静平衡,如图 1-2-2 所示。

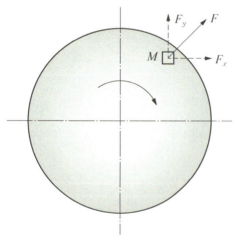

图 1-2-1　车轮静不平衡产生的离心力

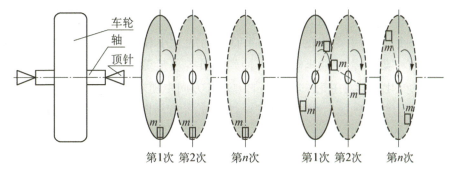

图 1-2-2　车轮静平衡检测示意图

（二）车轮动不平衡的实质

动平衡又称双面平衡，它影响轮胎和车轮中心线两侧的质量分布。车轮的质量分布相对车轮纵向中心面不对称，使得即使是静平衡的车轮，也可能动不平衡，其实质为车轮旋转时质心的离心力作用点不重合，产生了合力矩。

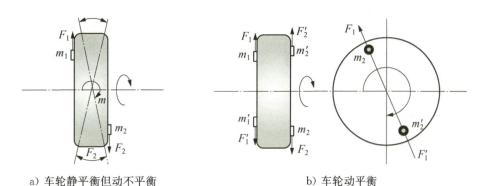

a）车轮静平衡但动不平衡　　　　　　b）车轮动平衡

图 1-2-3　车轮动平衡示意图

在 m_1 和 m_2 半径相同、方向相反的位置上配置相同质量的 m_1' 和 m_2'，则车轮处于动平衡中，合力矩为零。动平衡的车轮一定静平衡，静平衡的车轮不一定动平衡。如图 1-2-3 所示。

（三）车轮动不平衡的原因

引起车轮动不平衡的原因主要有以下几种情况：

（1）车轮定位不当，尤其是前束和车轮外倾角。

（2）轮胎和轮辋一级挡圈等几何形状失准或密度不均匀而造成先天的质心偏离。

（3）轮毂和轮辋定位误差使安装中心与旋转中心不重合。

（4）维修过程的拆装改变了整体综合质心，破坏了原有的良好平衡状态。

（5）轮辋直径过小，运行中轮胎相对于轮辋在圆周方面滑移，从而发生波状不均匀磨损。

（6）车轮碰撞造成变形引起质心位移。

（7）轮胎翻新中因定位精度不高而造成新胎冠厚度不均匀，从而使质心改变。

（8）高速行驶中制动抱死而引起的纵向和横向滑移，造成轮胎局部不均匀磨损。

(四)车轮动不平衡的危害

车轮动不平衡时,不平衡力的水平和垂直分力的大小和方向都在不断变化。垂直分力使车辆产生振动和噪声,影响乘坐舒适性,使驾驶员容易疲劳,更易发生交通事故;水平分力的大小和方向的变化使其对主销中心产生的力矩和方向也随之变化,引起转向轮摆振,影响汽车的操纵稳定性、直线行驶稳定性和行驶安全,加剧轮胎和转向系统机件的磨损,缩短其寿命。

(五)车轮平衡机分类

为了消除车轮动不平衡,车轮在安装之前必须经过专用设备——车轮动平衡机进行动平衡测试,在车轮质量偏小处增加适当的配重,使车轮在高速旋转下保持动平衡。

车轮平衡机也称为车轮平衡仪,用来检测车轮的平衡度,按其功能可分为车轮静平衡机和车轮动平衡机两类。其中,车轮动平衡机按测量方法又可分为就车式车轮动平衡机和离车式车轮动平衡机两类,如图1-2-4所示。

a) 离车式车轮动平衡机

b) 就车式车轮动平衡机

图1-2-4 车轮平衡机

任务实施

(一)实施方案

1. 质量要求

参照厂家的质量标准要求。

2. 组织方式

每四位同学一组,检修丰田2007款卡罗拉1.6L/AT轿车1ZR-FE的车轮动平衡,按照企业岗位操作规范进行作业。每组作业时间为20 min。

3. 作业准备

(1)技术要求与标准。

轮胎气压技术标准、轮胎花纹深度标准参见学习任务1。

(2) 设备器材(图 1-2-5)。

常用工具一套

轮胎气压表

离车式车轮动平衡机

扒胎器

图 1-2-5 设备器材

(3) 场地设施：理实一体化教室、废气排放装置、消防设施等。
(4) 设备设施：丰田 2007 款卡罗拉 1.6L/AT 轿车一辆、工具车、零件车。
(5) 安全防护：车轮挡块、室内三件套等。
(6) 耗材：干净抹布。

（二）操作步骤

1. 轮胎与轮辋的分离与组合

（1）检查轮胎。

① 清洁轮胎、轮辋上附着的污泥、沙石等异物。检查轮胎外观是否异常磨损、损伤。测量花纹深度。如图 1-2-6 所示。

图 1-2-6 检查轮胎

车胎与轮辋的分离与组合

图1-2-7 取下平衡块

② 取下轮辋上原有的平衡块,如图1-2-7所示。

图1-2-8 取出气门芯

(2) 轮胎放气。

根据维修手册规定,选用气门芯拆装专用工具。当轮胎中气体放完后,取出气门芯,如图1-2-8所示。

图1-2-9 分离轮辋与轮胎密封面

(3) 分离轮辋与轮胎密封面。

① 通过手柄把分离轮胎密封面的专用工具分离铲扳到距离轮辋边缘10 mm处,并贴靠轮胎胎侧位置,如图1-2-9所示。

图1-2-10 踩下分离踏板

② 踩下分离踏板,使轮胎胎缘与轮辋分离,如图1-2-10所示。翻转车轮,重复以上步骤,使轮胎的另一胎缘与轮辋彻底分离。

分离轮辋与轮胎密封面需在轮胎扒胎机上操作。

(4) 把车轮固定在转盘上。

将轮胎密封面与轮辋分离的车轮放在扒胎机的转盘上。将轮辋有气门嘴的一侧朝上,踩下夹紧踏板,将车轮可靠地固定在转盘上。如图1-2-11所示。

图1-2-11 固定车轮

(5) 轮胎与轮辋分离。

① 移动轮胎拆装头的摆臂,使其往轮辋侧靠近,调整轮胎拆装头摆臂限位螺钉,如图1-2-12所示。

图1-2-12 调整轮胎

② 向下按压轮胎拆装头的立柱,使轮胎拆装头靠近轮辋边缘,将轮胎拆装头与轮辋边缘的距离调整为1—2 mm,用锁紧手柄将立柱锁紧,如图1-2-13所示。

图1-2-13 调整轮胎与轮辋距离

③ 把撬棒靠住拆装头,手握撬棒上端,朝轮辋中心用力扳动,使胎缘内侧向上套在拆装头上,使轮胎与轮辋分离,如图1-2-14所示。

图1-2-14 分离轮胎与轮辋

(6) 检测轮辋。

① 清洁轮辋密封面的残余橡胶,检查轮辋密封面有无腐蚀、损伤,如图1-2-15所示。

图1-2-15 清洁残余橡胶

图 1-2-16　检查轮辋

② 将轮辋安装在平衡机上,检测轮辋径向圆跳动和轴向圆跳动是否小于等于 0.75 mm。如检测结果大于 0.75 mm,则更换轮辋。如图 1-2-16 所示。

(7) 轮胎与轮辋的组装。

① 将轮辋固定在转盘上,有气门嘴的一面朝上,如图 1-2-17 所示。

图 1-2-17　固定轮辋

② 把轮胎放在轮辋上,使用相关工具进行轮胎与轮辋的组装,如图 1-2-18 所示。

图 1-2-18　组装轮胎与轮辋

(8) 轮胎的充气。

① 用气枪对准轮胎气门嘴进行充气,直至轮胎两侧密封层与轮辋边缘完全贴合,把气门芯装入气门嘴中并拧紧,如图 1-2-19 所示。

图 1-2-19　气枪对准气门嘴

② 用气枪对准轮胎气门嘴进行充气,直至气压达到标准值,如图 1-2-20 所示。

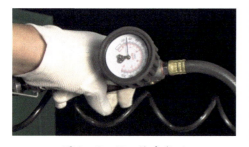

图 1-2-20　检查气压

③ 用肥皂水涂抹气门嘴、气门芯、轮胎与轮辋密封处，检查是否漏气，如图 1-2-21 所示。装上轮胎气门嘴防尘帽。

图 1-2-21 涂抹肥皂水

2. 车轮动平衡检测

（1）安装车轮。

① 将车轮安装在动平衡机上，如图 1-2-22 所示。

车轮动平衡检测

图 1-2-22 安装车轮

② 将锥形套安装到动平衡机轴上，安装快速紧固螺母并紧固，如图 1-2-23 所示。

图 1-2-23 紧固螺母

（2）输入数据。

① 打开轮胎动平衡机电源，如图 1-2-24 所示。

图 1-2-24 打开电源

② 输入轮辋数据，如图 1-2-25 所示。

图 1-2-25 输入数据

图1-2-26 拉出测量尺

a. 输入轮辋距离 a。拉出测量尺，顶住轮辋边距，读出距离值，并输入动平衡机，如图1-2-26所示。

图1-2-27 输入轮辋宽度

b. 输入轮辋宽度 b。用轮辋宽度测量尺测量车轮轮辋宽度，按宽度输入键，将正确的轮辋宽度输入动平衡机，如图1-2-27所示。

图1-2-28 查看轮辋直径

c. 输入轮辋直径 d。在轮胎上标有直径值，如图1-2-28所示。按直径键，输入轮辋直径。

（3）车轮动平衡检测。

① 确认安全后，按下启动开关，让轮胎在动平衡机上转动，如图1-2-29所示。

图1-2-29 转动轮胎

② 当车轮停止转动后，查看所测车轮两侧的动不平衡量数据，如图1-2-30所示。

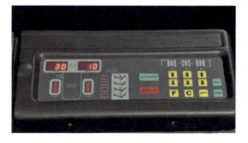

图1-2-30 查看数据

(4) 在轮辋上装平衡块。

① 转动车轮到达外侧的不平衡点,此时该不平衡点指示灯亮起,立即用手扶住车轮,如图 1-2-31 所示。

图 1-2-31　转动车轮到达外侧不平衡点后用手扶住车轮

② 根据轮辋的构造、材质和屏幕显示的不平衡量,在车轮轮辋外侧 12 点位置,选择和安装合适形状和质量的平衡块,如图 1-2-32 所示。

图 1-2-32　安装外侧平衡块

③ 转动车轮到达内侧的不平衡点,此时该不平衡点指示灯亮起,立即用手扶住车轮,如图 1-2-33 所示。

图 1-2-33　转动车轮到达内侧不平衡点后用手扶住车轮

④ 根据检测到的不平衡量,在车轮轮辋内侧 12 点位置装上相应质量的平衡块,如图 1-2-34 所示。

图 1-2-34　安装内侧平衡块

(5) 轮胎动平衡的复测。

① 重新进行动平衡测试。确认安全后,按下启动开关,让轮胎在动平衡机上转动,如图 1-2-35 所示。

图 1-2-35　测试动平衡

图1-2-36 查看复测结果

② 测试结束后,如仍存在不平衡,应去掉已安装的平衡块并重新测试和安装,直至显示不平衡量为零,如图1-2-36所示。

（6）取下轮胎。

① 取下快速紧固螺母,如图1-2-37所示。

图1-2-37 取下螺母

② 取下轮胎,如图1-2-38所示。

图1-2-38 取下轮胎

③ 取下轮辋中心的锥形套,如图1-2-39所示。

图1-2-39 取下锥形套

④ 关闭平衡机电源,如图1-2-40所示。

图1-2-40 关闭电源

任务小结

（一）车轮静不平衡的实质

车轮静不平衡的实质是车轮的质心和车轮旋转中心不重合，在旋转时产生离心力，这个离心力使车轮运转不平衡。

（二）车轮动不平衡的实质

动平衡又称双面平衡，它影响轮胎和车轮中心线两侧的质量分布。车轮的质量分布相对车轮纵向中心面不对称，使得即使是静平衡的车轮，也可能动不平衡，其实质为车轮旋转时质心的离心力作用点不重合，产生了合力矩。

（三）车轮动不平衡的危害

车轮动不平衡时，不平衡力的水平和垂直分力的大小和方向都在不断变化。垂直分力使车辆产生振动和噪声，影响乘坐舒适性，使驾驶员容易疲劳，更易发生交通事故；水平分力的大小和方向的变化使其对主销中心产生的力矩和方向也随之变化，引起转向轮摆振，影响汽车的操纵稳定性、直线行驶性和行驶安全，加剧轮胎和转向系统机件的磨损，缩短其寿命。

（四）平衡机分类

平衡机按其功能可分为车轮静平衡机和车轮动平衡机两类。其中，车轮动平衡机按测量方法可分为就车式车轮平衡机和离车式车轮平衡机两类。

（五）检查车轮动平衡步骤

(1) 轮胎与轮辋的分离与组合。

(2) 车轮动平衡检测。

任务评价

（一）课堂练习

1. 判断题

(1) 车轮静不平衡的实质就是车轮的质心和车轮旋转中心不重合。（　　）

(2) 车轮动平衡影响轮胎和车轮中心线两侧的质量分布。（　　）

(3) 轮胎动态不平衡会产生颠簸和跳动现象，往往使轮胎产生平斑现象。（　　）

(4) 定期检测平衡不但能延长轮胎寿命，还能提高汽车行驶时的稳定性，避免在高速行驶时因轮胎摆动、跳动，失去控制而造成的交通事故。（　　）

(5) 车轮定位不当不会引起车轮动不平衡。（　　）

2. 选择题

(1) 下列哪些不是引起车轮动不平衡的原因？（　　）

　　A. 轮胎质心正常　　　　　　　　B. 车轮定位不当

　　C. 轮胎拆装改变综合质心　　　　D. 轮胎的不均匀磨损

(2) 车轮平衡仪按照（　　）可分为就车式车轮动平衡机和离车式车轮动平衡机两类。

　　A. 测量方法　　　B. 功能　　　C. 结构　　　D. 转轴的形式

（二）技能评价（表1-2-1）

表1-2-1　技能评价表

序号	内容	分值	得分
1	检查轮胎	5	
2	轮胎放气	5	
3	分离轮辋与轮胎密封面	5	
4	把车轮固定在转盘上	5	
5	轮胎与轮辋分离	10	
6	检测轮辋	5	
7	轮胎与轮辋的组装	10	
8	轮胎充气	10	
9	安装车轮	5	
10	输入数据	10	
11	车轮动平衡检测	5	
12	在轮辋上装平衡块	10	
13	轮胎动平衡的复测	10	
14	取下轮胎	5	
	总分	100	

（注：操作规范即得分，操作错误或未进行操作即0分）

学习任务 3　检查悬架系统

任务目标

- 描述悬架组成、功用、类型。
- 描述麦弗逊式独立悬架组成、特点及工作原理。
- 选择并规范地使用检查悬架系统的设备及工具。
- 掌握检查悬架作业的技能和方法,并能规范地操作。

学习重点

- 检查悬架作业的方法与技能。

知识准备

(一) 悬架组成与功用

悬架是指车身、车架和车轮之间的一个连接结构,主要由减振器、减振弹簧、横向稳定

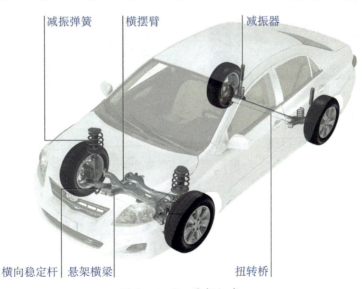

图 1-3-1　悬架组成

杆、横摆臂、转向节和橡胶衬套等部分组成,如图1-3-1所示。

减振弹簧的作用是承受并传递垂直载荷,缓和不平路面引起的冲击,使车架(或车身)与车桥(或车轮)之间保持弹性连接。减振器的作用是迅速衰减振动。横向稳定杆和横摆臂等导向机构则用来传递除垂直力以外的各种力和力矩,并确定车轮相对于车架(或车身)的运动轨迹。

悬架的作用主要有三点:

(1) 缓冲减振:弹性连接车架(或车身)与车桥,使振动迅速衰减。

(2) 导向:使车轮按一定轨迹相对车身跳动。

(3) 传力:将车轮所受的垂直反力、纵向反力和侧向力,以及这些反力所造成的力矩传递到车架上,保证车辆正常行驶。

(二) 悬架类型

汽车悬架可分为两大类:非独立悬架和独立悬架,如图1-3-2所示。

非独立悬架的结构特点是两侧车轮安装在一根整体式车桥上,车轮连同车桥一起通过弹性元件悬挂在车架(或车身)下面。当一侧车轮因路面不平等原因相对车架(或车身)的位置发生变化(如一侧车轮因道路不平而发生跳动)时,另一侧车轮的位置也随之发生变化。

独立悬架的结构特点是其车桥都是断开式的,每一侧的车轮可以单独通过弹性悬架与车架(或车身)连接。当一侧车轮相对于车架(或车身)的位置发生变化时,对另一侧车轮几乎不产生影响。

a) 非独立悬架　　　　　　　　　　b) 独立悬架

图1-3-2　悬架类型

(三) 麦弗逊式独立悬架组成和特点

常见的独立悬架有麦弗逊式独立悬架、多连杆式独立悬架和双叉臂式独立悬架等。

麦弗逊式独立悬架是近年来中级以下轿车使用很广泛的一种悬架,是车轮沿主销移动悬架的一种。麦弗逊式悬架也称滑柱连杆式悬架,它主要由螺旋弹簧、减振器、横摆臂、横向稳定杆等组成,如图1-3-3所示。减振器与套在其外面的螺旋弹簧合为一体,构成悬架的弹性支柱。支柱的上端与车身挠性连接,支柱的下端与转向节刚性连接。车轮所受的侧向力通过转向节大部分由横摆臂承受,其余部分由减振器活塞和活塞杆承受。

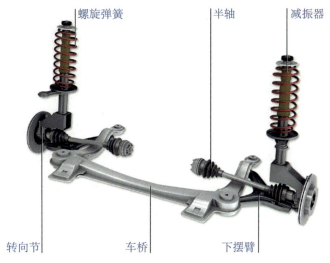

图 1-3-3 麦弗逊式独立悬架的组成

相对于多连杆式独立悬架和双叉臂式独立悬架来说,麦弗逊式独立悬架突出的优点是两前轮内侧的空间比较大,便于发动机和其他一些部件的布置。但由于减振器和螺旋弹簧都是对车辆上下的晃动起到支撑和缓冲作用,对于侧向反力没有提供足够的支撑力度,使得车辆转向侧倾以及制动点头现象比较明显。增加稳定杆以后有所缓解,但无法从根本上解决问题,并且耐用性不高,减振器容易漏油,需要定期更换。

(四)麦弗逊式独立悬架工作原理

减振器上端支座中心与横摆臂外端下球节中心的连线称为主销轴线。麦弗逊式独立悬架没有传统的主销实体,当车辆在行驶中受到冲击,车轮上下跳动时,减振器的下支点随横摆臂摆动,主销轴线发生变化,车轮沿着摆动的主销轴线运动。因此,当这种悬架变形时,车轮、主销的倾角和轮距都会有些变化,但合理的杆系布置和调整可以将这些变化控制在很小的范围内。

任务实施

(一)实施方案

1. 质量要求
参照厂家的质量标准要求。

2. 组织方式
每四位同学一组,检修丰田 2007 款卡罗拉 1.6L/AT 轿车的独立悬架系统,按照企业岗位操作规范进行作业。每组作业时间为 90 min。

3. 作业准备

(1) 技术要求与标准(表1-3-1)。

表1-3-1 独立悬架拆装技术标准

检查内容	规定状态	检查内容	规定状态
前稳定杆隔振垫卡箍螺栓	22 N·m+40°	转向节球节螺栓	30 N·m+60°～75°
后车架螺栓	160 N·m	后下控制臂螺栓和螺母	70 N·m+75°～90°
前变速器支座螺栓	58 N·m	前下控制臂螺栓和螺母	90 N·m+75°～90°
后变速器支座托架螺栓	100 N·m	转向节安装螺栓和螺母	90 N·m+60°～70°
轴承/轮毂螺栓	90 N·m+60°+15°	上滑柱支座螺母	45 N·m
下控制臂衬套螺栓	55 N·m+45°+60°	稳定杆连杆螺母	65 N·m

独立悬架维修时，车辆应卸载，停放在干净的平地上，最好停放在检修地沟上，驻车制动，阻塞车轮。按维修内容选用合适的千斤顶或支座把车架支承至适当高度并决定是否卸下轮胎。

(2) 设备器材(图1-3-4)。

常用工具一套

台虎钳

图1-3-4 设备器材

(3) 场地设施：理实一体化教室、废气排放装置、消防设施等。

(4) 设备设施：丰田2007款卡罗拉1.6L/AT轿车一辆、举升机、工具车、标保工具车、零件车、台虎钳、垃圾桶。

(5) 安全防护：车轮挡块、室内三件套等。

(6) 耗材：干净抹布。

（二）操作步骤

1. 拆卸独立悬架

（1）分离2号转向中间轴总成。

（2）拆卸前轮。

（3）排净自动传动桥油。

（4）拆卸前半轴总成。

① 分离转向拉杆球头。

a. 选择尖嘴钳，将左侧横拉杆接头分总成上端的开口销弯曲部分掰直，然后使用尖嘴钳从开口销的另一端取下开口销，如图1-3-5所示。

b. 将转向球节专用工具安装到转向球节上，用手紧固转向球节拆卸专用工具，使用安全绳将转向球节拆卸专用工具连接到减振器上，如图1-3-6所示。

图1-3-5　取下开口销

图1-3-6　用安全绳固定减振器

c. 规范使用球头销专用工具，使球头和转向球节分离。分离后取下安全绳和专用工具，如图1-3-7所示。

d. 用同样的方法分离右侧横拉杆接头分总成。

图1-3-7　取下安全绳

② 分离悬架下臂。

a. 选用17 mm套筒、指针式扭力扳手拧松、旋出并取下左前悬架下臂2个固定螺母及1个固定螺栓，如图1-3-8所示。

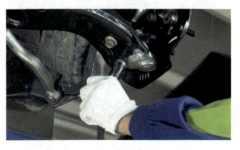

图1-3-8　拧松螺母及螺栓

图 1-3-9　分离悬架下臂

b. 将左前悬架下臂与下球节分离。
c. 用同样的方法，分离右前悬架下臂，如图 1-3-9 所示。

图 1-3-10　拧松螺母

③ 拆卸前桥总成。
a. 选用 22 mm 套筒、接杆、指针式扭力扳手、棘轮扳手，拧松、旋出左前减振器下侧 2 个固定螺母，如图 1-3-10 所示。
b. 取下左前减振器 2 个固定螺栓。

图 1-3-11　扶住前桥总成

c. 一只手扶住左前桥总成，另一只手将减振器与前桥总成分离，如图 1-3-11 所示。

图 1-3-12　用橡胶锤敲击半轴外侧

d. 使用记号笔在左前半轴和前桥轮毂分总成上做好装配标记。
e. 两人同时操作，一人抬起左前桥轮毂分总成，一人使用橡胶锤敲击左前半轴外侧，将左前半轴与前桥轮毂分总成分离，如图 1-3-12 所示。
f. 取下左前桥轮毂分总成。
g. 用同样的方法拆卸右前桥总成。

④ 拆卸前桥左半轴。

a. 两人配合操作，一人双手扶住左前半轴，一人使用半轴拉拔器前端卡爪与左前半轴内侧万向节总成上的凹槽结合，并用力向外拉动半轴拉拔器滑锤，如图1-3-13所示。

b. 将左半轴从传动桥上分离，取下左半轴。

图1-3-13　合作拉动拉拔器

不要损坏传动桥壳油封、内侧万向节防尘套及驱动轴防尘罩；不要掉落驱动轴。

(5) 拆卸前减振器。

① 拆卸左前、右前刮水器臂端盖。

a. 选用一字槽螺钉旋具，用胶布将螺钉旋具头部包好，如图1-3-14所示。

图1-3-14　选用一字槽螺钉旋具

b. 拆卸左前、右前刮水器臂端盖，如图1-3-15所示。

图1-3-15　拆卸刮水器臂端盖

② 拆卸左前、右前刮水器臂和刮水片总成。

a. 选用14 mm套筒、棘轮扳手，拆卸左前刮水器臂和刮水片总成的锁止螺母，并用力按下刮水器臂的下端拆下左前刮水器臂和刮水片总成，如图1-3-16所示。

b. 同样的方法拆卸右前刮水器臂和刮水片总成。

图1-3-16　拆卸锁止螺母

图 1-3-17 拆卸密封条

③ 拆卸发动机盖至前围上侧密封条,如图 1-3-17 所示。

注意事项

拆卸时注意密封条上的卡扣不要掉落。

图 1-3-18 按下锁心

④ 拆卸右前、左前围板上通风栅板。

a. 按下前围板上通风栅板两边的固定卡扣的锁心,取下卡扣,如图 1-3-18 所示。

图 1-3-19 拆下通风栅板

b. 依次拆下右前、左前围板上的通风栅板,如图 1-3-19 所示。

图 1-3-20 断开线束连接器

⑤ 拆卸刮水器电动机线束及线束连接器。

松开刮水器电动机线束固定卡夹,按下线束连接器锁舌,断开刮水器电动机线束连接器,如图 1-3-20 所示。

⑥ 选用 10 mm 套筒、棘轮扳手，拆下两个固定螺栓，然后拆下风窗玻璃刮水器电动机及连杆总成，如图 1-3-21 所示。

图 1-3-21 拆卸连杆总成

⑦ 选用 10 mm 套筒、棘轮扳手，拆卸前围上外板的 10 个螺栓，然后取下前围上外板，如图 1-3-22 所示。

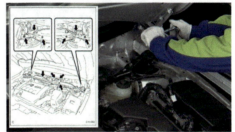

图 1-3-22 拆下前围上外板

⑧ 拆卸前减振器。

a. 两人配合操作，一人从左前减振器下端扶住左前减振器，如图 1-3-23 所示；另一人选用 14 mm 套筒、接杆、指针式扭力扳手，分别拧松左前减振器上端 3 个固定螺母。

图 1-3-23 扶住前减振器

b. 选用 14 mm 套筒、接杆、棘轮扳手，旋出左前减振器上端 3 个固定螺母并取下，如图 1-3-24 所示。

c. 将左前减振器上支架从左前减振器上支座取下。

d. 取下左前减振器。

e. 用同样的方法拆卸右前减振器。

（6）拆卸前悬架横梁分总成。

① 拆卸发动机后部底罩。

a. 选用一字槽螺钉旋具，将发动机后部左侧底罩固定卡子松开并取下，如图 1-3-25 所示。

b. 取下发动机后部底罩。

c. 用同样的方法拆卸发动机后部右侧底罩。

图 1-3-24 取下螺母

图 1-3-25 松开固定卡子

② 拆卸发动机1号后底罩。

a. 选用10 mm套筒、接杆、棘轮扳手，分别松开发动机1号后底罩6个固定螺栓并取下，如图1-3-26所示。

b. 选用一字槽螺钉旋具，松开并取下发动机1号后底罩左侧3个固定卡子。

c. 用同样的方法拆卸发动机1号后底罩右侧4个固定卡子。

图1-3-26　拆下固定螺栓

d. 取下发动机1号后底罩，如图1-3-27所示。

③ 拆卸发动机2号底罩。

a. 选用一字槽螺钉旋具，松开并取下发动机2号底罩5个固定卡子。

b. 取下发动机2号底罩。

④ 拆卸发动机前悬置支架下加强件。

图1-3-27　取下底罩

a. 选用17 mm套筒、接杆、指针式扭力扳手，拧松发动机前悬置支架下加强件2个固定螺栓，如图1-3-28所示。

图1-3-28　拧松固定螺栓

b. 选用17 mm套筒、接杆、棘轮扳手，旋出并取下发动机前悬置支架下加强件2个固定螺栓，如图1-3-29所示。

c. 取下发动机前悬置支架下加强件。

⑤ 拆卸左前悬架横梁加强件。

a. 选用17 mm套筒、接杆、指针式扭力扳手，拧松左前悬架横梁加强件4个固定螺栓。

b. 选用17 mm套筒、接杆、棘轮扳手，旋出并取下左前悬架横梁加强件4个固定螺栓。

图1-3-29　取下固定螺栓

c. 取下左前悬架横梁加强件。

⑥ 拆卸右前悬架横梁加强件。

a. 选用17 mm套筒、接杆、指针式扭力扳手，分别拧松右前悬架横梁加强件4个固定螺栓。

b. 选用17 mm套筒、接杆、棘轮扳手，旋出并取下右前悬架横梁加强件4个固定螺栓。

c. 取下右前悬架横梁加强件。

⑦ 拆卸前悬架横梁后支架。

a. 选用 19 mm 套筒、接杆、指针式扭力扳手，拧松左前悬架横梁后支架 3 个固定螺栓。

b. 选用 19 mm 套筒、接杆、棘轮扳手，旋出并取下左前悬架横梁后支架 3 个固定螺栓。

c. 取下左前悬架横梁后支架，如图 1-3-30 所示。

图 1-3-30　取下横梁支架

d. 用同样的方法拆卸右前悬架横梁后支架。

⑧ 拆卸前悬架横梁分总成。

a. 选用 17 mm 套筒、接杆、棘轮扳手，旋出并取下驻车制动拉索前端固定支架螺栓，如图 1-3-31 所示。

图 1-3-31　拆卸支架螺栓

b. 分离驻车制动拉索支架，如图 1-3-32 所示。

c. 将氧传感器线束固定卡夹和卡爪从前悬架横梁分总成上分离。

图 1-3-32　分离支架

d. 选用 17 mm 套筒、接杆、指针式扭力扳手，分别拧松发动机后悬置隔振垫与前悬架横梁分总成 2 个固定螺栓与 2 个固定螺母。

e. 选用 17 mm 套筒、接杆、棘轮扳手，旋出并取下发动机后悬置隔振垫与前悬架横梁分总成 2 个固定螺栓与 2 个固定螺母，如图 1-3-33 所示。

图 1-3-33　拆下固定螺母

f. 缓慢踩变速器千斤顶踏板，升高变速器千斤顶，直到变速器千斤顶上端托住前悬架横梁分总成，如图 1-3-34 所示。

g. 选用 19 mm 套筒、接杆、指针式扭力扳手，拧松前悬架横梁分总成与车身左侧固定螺栓。

h. 选用 19 mm 套筒、接杆、棘轮扳手，旋出并取下前悬架横梁分总成与车身左侧固定螺栓。

图 1-3-34　升高千斤顶

图 1-3-35 降下变速器千斤顶

i. 用同样的方法拆卸前悬架横梁分总成与车身右侧固定螺栓。

j. 逆时针缓慢旋扭变速器千斤顶压力释放杆,使变速器千斤顶与前悬架横梁分总成一起下降,如图 1-3-35 所示。

在变速器千斤顶下降过程中,检查是否有其他车身零部件卡住或没有与前悬架横梁分总成彻底分离,如有,则排除障碍后再降下变速器千斤顶。

图 1-3-36 拆卸固定螺栓

（7）拆卸下悬架臂。

① 选用 22 mm 套筒、接杆、指针式扭力扳手,拧松左前下悬架臂前侧固定螺栓。

② 选用 22 mm 套筒、接杆、棘轮扳手,旋松并取下左前下悬架臂前侧固定螺栓,如图 1-3-36 所示。

图 1-3-37 拧松上端螺母

③ 选用 22 mm 梅花扳手固定左前下悬架臂后侧下端固定螺母,然后选择 22 mm 套筒、接杆、指针式扭力扳手,拧松左前下悬架臂后侧上端固定螺母,如图 1-3-37 所示。

图 1-3-38 拆卸悬架臂

④ 选用 22 mm 套筒、接杆、棘轮扳手,将左前下悬架臂后侧上端固定螺母旋出并取下。

⑤ 取下左前下悬架臂后侧固定螺栓。

⑥ 将左前下悬架臂轻轻上下摇动并从前悬架横梁分总成上分离,如图 1-3-38 所示。

⑦ 用同样的方法拆卸右前下悬架臂。

(8) 拆卸前稳定杆总成。

① 选用 17 mm 套筒、接杆、指针式扭力扳手,拧松前悬架横梁左前支架 4 个固定螺栓。

② 选用 17 mm 套筒、接杆、棘轮扳手,旋出并取下前悬架横梁左前支架 4 个固定螺栓,如图 1-3-39 所示。

③ 从前悬架横梁左侧取下前悬架横梁左前支架。

④ 用同样的方法拆卸前悬架横梁右前支架。

⑤ 从前悬架横梁上取下前稳定杆总成,如图 1-3-40 所示。

图 1-3-39 旋出固定螺栓

图 1-3-40 取下稳定杆总成

2. 检查独立悬架

(1) 分解前减振器。

① 固定带螺旋弹簧的前减振器,使用弹簧压缩器压缩前螺旋弹簧,如图 1-3-41 所示。

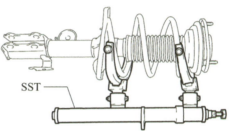

检查独立悬架

图 1-3-41 压缩前螺旋弹簧

② 拆卸前支架至前减振器螺母。

a. 将螺栓和螺母安装至减振器下支架,并用台虎钳固定带螺旋弹簧的前减振器,如图 1-3-42 所示。

b. 检查并确保前螺旋弹簧被完全压缩。

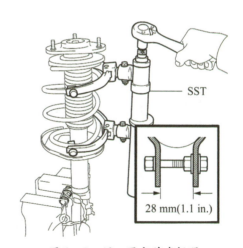

图 1-3-42 固定前减振器

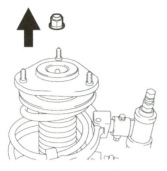

图 1-3-43 拆卸螺母

c. 拆下前支架至前减振器螺母,如图 1-3-43 所示。

③ 拆卸前悬架支座分总成。
④ 拆卸前悬架支座防尘密封圈。
⑤ 拆卸前螺旋弹簧上座。
⑥ 拆卸前螺旋弹簧上隔振垫。
⑦ 拆卸前螺旋弹簧。
⑧ 拆卸前螺旋弹簧缓冲块。
⑨ 拆卸前螺旋弹簧下隔振垫。

注意事项

不要使用冲击扳手,因为会损坏 SST。

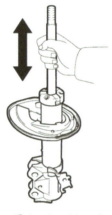

图 1-3-44 压缩并伸长减振器

(2) 检查前减振器。压缩并伸长减振器杆 4 次或更多次,如图 1-3-44 所示。

(标准:无异常阻力或声音且操作阻力正常)

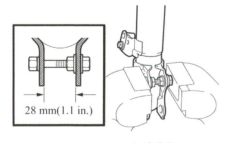

图 1-3-45 固定前减振器

(3) 组装前减振器。

① 将螺栓和螺母安装至前减振器,并用台虎钳固定前减振器,如图 1-3-45 所示。

② 安装前螺旋弹簧下隔振垫,如图1-3-46所示。

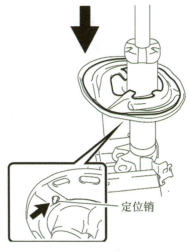

图1-3-46 安装隔振垫

确保前螺旋弹簧下隔振垫的定位销插入前减振器的孔中。

③ 安装前螺旋弹簧缓冲块。
④ 安装前螺旋弹簧。
a. 用弹簧压缩器压缩前螺旋弹簧,如图1-3-47所示。

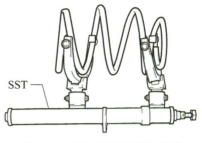

图1-3-47 压缩前螺旋弹簧

b. 安装前螺旋弹簧,如图1-3-48所示。

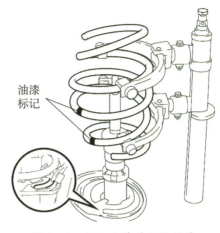

图1-3-48 安装前螺旋弹簧

> **注意事项**
>
> 确保前螺旋弹簧的底端定位于弹簧下座的压缩下,确保油漆标记面朝下安装螺旋弹簧。

图 1-3-49 拧紧螺母

⑤ 安装前螺旋弹簧上隔振垫。
⑥ 安装前螺旋弹簧上座。
⑦ 安装前悬架支座防尘密封圈。
⑧ 安装前悬架支座分总成。
⑨ 暂时拧紧前支座至前减振器螺母,如图 1-3-49所示。

(4) 检查前下球节。
① 检查球节的转矩。
a. 用铝板将前下球节固定在台虎钳上,如图 1-3-50所示。
b. 将螺母安装至前下球节球头销。
c. 用扭力扳手以 3~5 s 一圈的速度连续转动螺母,并在第 5 圈时读取力矩读数。(力矩:0.98~3.4 N·m)

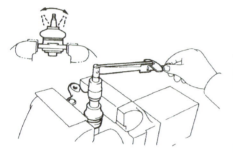

图 1-3-50 固定前下球节

> **注意事项**
>
> 如果转矩不在规定范围内,应换上新的前下球节。

② 检查防尘罩。检查并确认防尘罩无裂纹且其上没有润滑脂。

(5) 检查前稳定杆连杆总成。
① 检查球节的转矩。
a. 用铝板将前稳定杆连杆总成固定在台虎钳上。
b. 将螺母安装至前稳定杆连杆总成球头销。
c. 用扭力扳手以 3~5 s 一圈的速度连续转动螺母,并在第五圈时读取力矩读数,如图 1-3-51 所示(力矩:0.05~1.96 N·m)。如果转矩不在规定范围内,换上一个新的前稳定杆连杆总成。
② 检查防尘罩。检查并确认防尘罩无裂纹且上面没有润滑脂。

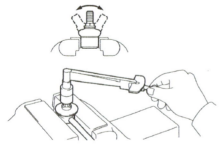

图 1-3-51 检查前稳定杆连杆总成

3. 安装独立悬架

（1）安装前稳定杆连杆总成。

用螺母将前稳定杆连杆总成安装至带螺旋弹簧的前减振器，如图1-3-52所示。（力矩：74 N·m）

图1-3-52　安装前稳定杆连杆总成

如果球头随螺母一起转动，则使用六角扳手（6 mm）固定双头螺栓。

（2）安装前下悬架臂。

① 将右前下悬架臂安装至前悬架横梁分总成右侧，如图1-3-53所示。

图1-3-53　安装右前下悬架臂

② 将右前下悬架臂后侧固定螺栓从前悬架横梁左下端装入，并旋上固定螺母，如图1-3-54所示。

③ 选用22 mm梅花扳手固定右前下悬架臂后侧下端固定螺母，然后选用22 mm套筒、接杆、棘轮扳手拧紧右前下悬架臂后侧上端固定螺母。

④ 选用22 mm套筒、接杆、扭力扳手，以维修手册规定的233 N·m力矩紧固右前下悬架臂后侧上端固定螺母。

图1-3-54　安装固定螺母

⑤ 安装右前下悬架臂前侧固定螺栓。

⑥ 选用19 mm套筒、接杆、棘轮扳手，拧紧右前下悬架臂前侧固定螺栓，如图1-3-55所示。

⑦ 选用22 mm套筒、接杆、扭力扳手，以维修手册规定的233 N·m力矩紧固右前下悬架臂前侧固定螺栓。

⑧ 用同样的方法安装左前下悬架臂。

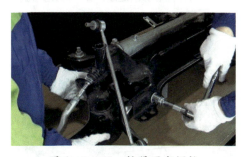

图1-3-55　拧紧固定螺栓

(3)安装前悬架横梁分总成。

① 安装前悬架横梁分总成。

a. 用变速器千斤顶支撑前悬架横梁分总成,如图1-3-56所示。

b. 拧紧前悬架横梁分总成与车身左侧固定螺栓。

图1-3-56 用千斤顶支撑前悬架横梁

c. 紧固前悬架横梁分总成与车身固定螺栓,如图1-3-57所示。(紧固力矩:145 N·m)

图1-3-57 紧固螺栓

d. 安装发动机后悬置隔振垫与前悬架横梁分总成固定螺栓与固定螺母。

e. 紧固发动机后悬置隔振垫与前悬架横梁分总成固定螺栓与固定螺母,如图1-3-58所示。

图1-3-58 紧固固定螺母

f. 将氧传感器线束固定卡夹和卡爪安装至前悬架横梁分总成上,如图1-3-59所示。

图1-3-59 安装卡夹和卡爪

g. 将驻车制动拉索前端固定支架螺栓安装孔与前悬架横梁分总成的螺栓孔对准,并旋进驻车制动拉索前端固定支架螺栓,如图1-3-60所示。

h. 拧紧驻车制动拉索前端固定支架螺栓。

图1-3-60 旋进固定支架螺栓

② 安装前悬架横梁后支架,如图 1-3-61 所示。

图 1-3-61 安装支架

③ 安装左前悬架横梁加强件,如图 1-3-62 所示。

图 1-3-62 安装加强件

④ 安装发动机前悬置支架下加强件。

a. 将发动机前悬置支架下加强件安装到前悬架横梁分总成与前悬架横梁上,并旋进前悬架横梁加强件 2 个固定螺栓。

b. 拧紧前悬架横梁加强件 2 个固定螺栓,如图 1-3-63 所示。(紧固力矩 96 N·m)

图 1-3-63 拧紧固定螺栓

⑤ 安装发动机底罩,如图 1-3-64 所示。

图 1-3-64 安装底罩

(4) 安装前减振器。

① 安装前减振器。

a. 将前减振器从车辆前下侧安装到车身上。

b. 将前减振器上支架安装至前减振器上支座,并安装前减振器上端 3 个固定螺母,如图 1-3-65 所示。

c. 选用 14 mm 套筒、接杆、棘轮扳手,拧紧前减振器上端 3 个固定螺母。

图 1-3-65 安装螺母

图 1-3-66 安装线束连接器

图 1-3-67 紧固螺母

图 1-3-68 安装制动盘

图 1-3-69 安装制动钳总成

图 1-3-70 安装挠性软管

d. 选用 14 mm 套筒、接杆、扭力扳手,以维修手册规定的 50 N·m 力矩紧固左前减振器上端 3 个固定螺母。

② 安装前围上外板。

③ 安装风窗玻璃刮水器电动机及连杆总成。

④ 安装风窗玻璃刮水器电动机线束连接器,如图 1-3-66 所示。

⑤ 安装左前、右前围板上通风栅板。

⑥ 安装发动机盖至前围上侧密封。

⑦ 安装右前、左前风窗玻璃刮水器臂和刮水片总成。

⑧ 安装发动机盖罩。

(5) 安装前半轴总成。

① 连接左侧转向拉杆接头。

a. 将转向横拉杆球头拉入转向臂内,用手将转向拉杆球头紧固螺母旋入。

b. 选用 19 mm 套筒、接杆、扭力扳手,紧固外转向横拉杆球头紧固螺母,如图 1-3-67 所示。

② 安装制动盘,如图 1-3-68 所示。

③ 安装制动钳总成,如图 1-3-69 所示。

④ 安装挠性软管,如图 1-3-70 所示。

⑤ 安装前轮转速传感器。

⑥ 安装稳定杆连杆总成。

a. 将前稳定杆连杆总成连接到减振器上,并旋进前稳定杆连杆总成固定螺母。

b. 选用 17 mm 套筒、接杆、棘轮扳手,拧紧前稳定杆连杆总成固定螺母,如图 1-3-71 所示。

c. 选用 17 mm 套筒、接杆、扭力扳手,以维修手册规定的 74 N·m 力矩紧固前稳定杆连杆总成固定螺母。

图 1-3-71 拧紧紧固螺母

⑦ 安装前桥轮毂螺母。

a. 将新的前桥轮毂螺母旋进前半轴上。

b. 使用一字槽螺钉旋具,从制动钳总成上插入到制动盘边缘内将左前制动盘固定,防止紧固前桥轮毂螺母时转动,如图 1-3-72 所示。

c. 选用 30 mm 套筒、棘轮扳手拧紧左前桥轮毂螺母。

图 1-3-72 使用一字槽螺钉旋具

d. 选用 30 mm 套筒、使用指针式扭力扳手,以维修手册规定的 216 N·m 力矩紧固前桥轮毂螺母。

c. 选用冲子、锤子,将前桥轮毂螺母锁紧,如图 1-3-73 所示。

(6) 安装前轮。

(7) 连接 2 号转向中间轴总成。

图 1-3-73 用冲子锁紧螺母

(一) 悬架组成

悬架是指车身、车架和车轮之间的连接结构,主要由减振器、减振弹簧、横向稳定杆、横摆臂、转向节和橡胶衬套等部分组成。其可分两大类——非独立悬架和独立悬架。

(二) 麦弗逊式独立悬架组成

麦弗逊式独立悬架主要由螺旋弹簧、减振器、横向稳定杆、横摆臂等组成。独立悬架拆装作业中主要拆卸前半轴总成、带螺旋弹簧的前减振器、前悬架横梁分总成、前下球节、前稳定杆总成。

（三）检查独立悬架系统步骤

1. 拆卸独立悬架

（1）分离2号转向中间轴总成；（2）拆卸前轮；（3）排净自动传动桥油；（4）拆卸前半轴总成；（5）拆卸前减振器；（6）拆卸前悬架横梁分总成；（7）拆卸下悬架臂；（8）拆卸前稳定杆总成。

2. 检查独立悬架

（1）分解前减振器；（2）检查前减振器；（3）组装前减振器；（4）检查前下球节；（5）检查前稳定杆连杆总成。

3. 安装独立悬架

（1）安装前稳定杆总成；（2）安装前下悬架臂；（3）安装前悬架横梁分总成；（4）安装前减振器；（5）安装前半轴总成；（6）安装前轮；（7）连接2号转向中间轴总成。

（一）课堂练习

1. 判断题

（1）汽车悬架可分为两大类：非独立悬架和独立悬架。（　　）

（2）独立悬架主销轴线即减振器中心线。（　　）

（3）紧固前悬架横梁前支架固定螺栓时，需按规定顺序进行。（　　）

（4）汽车悬架的三个组成部分的作用分别是缓冲、减振和导向。（　　）

（5）减振器与弹性元件是串联安装的。（　　）

（6）卡罗拉前悬架为独立悬架。（　　）

2. 选择题

（1）独立悬架组成部件中，不包括（　　）。

　　A. 减振器　　　　　　　　　　B. 横向稳定拉杆
　　C. 横拉杆　　　　　　　　　　D. 螺旋弹簧

（2）安装前稳定杆时，需使识别标记位于车辆的（　　）。

　　A. 上方　　　　　　　　　　　B. 左侧
　　C. 右侧　　　　　　　　　　　D. 下方

（3）麦弗逊式悬架系统的优点是（　　）。

　　A. 重量轻　　　　　　　　　　B. 稳定性优越
　　C. 不用维护　　　　　　　　　D. 布置紧凑

（4）（　　）不是对悬架所起作用的描述。

　　A. 缓冲减振　　　　　　　　　B. 传力
　　C. 导向　　　　　　　　　　　D. 差速

（二）技能评价（表1-3-2）

表1-3-2　技能评价表

序号	内　　容	分值	得分
1	分离2号转向中间轴总成	5	
2	拆卸前轮	5	
3	排净自动传动桥油	5	
4	拆卸前半轴总成	5	
5	拆卸前减振器	5	
6	拆卸前悬架横梁分总成	5	
7	拆卸下悬架臂	5	
8	拆卸前稳定杆总成	5	
9	分解前减振器	5	
10	检查前减振器	5	
11	组装前减振器	5	
12	检查前下球节	5	
13	检查前稳定杆连杆总成	5	
14	安装前稳定杆总成	5	
15	安装前下悬架臂	5	
16	安装前悬架横梁分总成	5	
17	安装前减振器	5	
18	安装前半轴总成	5	
19	安装前轮	5	
20	连接2号转向中间轴总成	5	
	总分	100	

（注：操作规范即得分，操作错误或未进行操作即0分）

学习任务 4　四轮定位

- 描述汽车行驶系统功用、组成。
- 描述车桥功用、四轮定位参数组成。
- 选择并规范地使用四轮定位作业的设备及工具。
- 掌握四轮定位作业的技能和方法，并能规范地操作。

- 四轮定位的作业技能和方法。

知识准备

（一）汽车行驶系统功用

（1）接受由发动机经传动系统传来的转矩，并通过驱动轮与路面间的附着作用，产生路面对驱动轮的驱动力，以保证汽车正常行驶，如图 1-4-1 所示。

图 1-4-1　汽车行驶系统

(2) 传递并承受路面作用于车轮上的各向反作用力及其所形成的力矩。

(3) 尽可能缓和路面不平对车身造成的冲击,并衰减车身振动,以保证汽车行驶的平顺性。

(4) 与汽车转向系统协调配合工作,实现汽车行驶方向的正确控制,以保证汽车操纵的稳定性。

(二) 汽车行驶系统组成

汽车作为一种地面交通工具,其行驶系统的基本组成和结构形式在很大程度上取决于汽车经常行驶路面的性质。绝大多数汽车还是经常行驶在比较坚实的道路上,其行驶系统中直接与路面接触的部分是车轮,因而称为汽车行驶系统,这样的汽车便是轮式汽车。

轮式汽车行驶系统一般由车身、车桥、车轮和悬架组成,如图1-4-2所示。

图1-4-2 汽车行驶系统组成

(三) 车桥功用

车桥通过悬架和车架相连,车桥两端安装车轮,其功用是传递车架与车轮之间各方向的作用及其力矩,如图1-4-3所示。

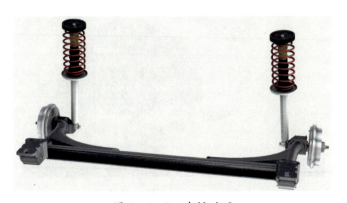

图1-4-3 车桥功用

（四）四轮定位参数

转向桥在保证汽车转向功能的同时，应使转向轮有自动回正作用，以保证汽车稳定直线行驶。即当转向轮在偶遇外力作用发生偏转时，一旦作用的外力消失，应能立即自动回到原来直线行驶的位置。这种自动回正作用是由转向轮的定位参数来保证的，也就是转向轮主销和前轴之间的安装应具有一定的相对位置。转向轮的定位参数主要有主销后倾角、主销内倾角、前轮外倾角、前轮前束，如图1-4-4所示。

图1-4-4 四轮定位参数

1. 主销后倾角

设计转向桥时，使主销在汽车的纵向平面内，其上部有向后的一个倾角 γ，即主销轴线和

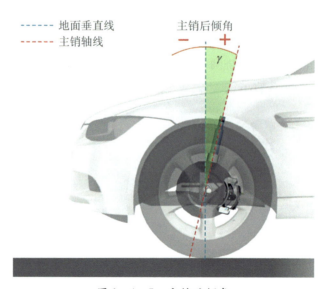

图1-4-5 主销后倾角

地面垂直线在汽车纵向平面内的夹角,如图1-4-5所示。

主销后倾角能形成回正的稳定力矩。当汽车直线行驶时,若转向轮偶然受到外力作用而稍有偏转,将使汽车行驶方向左右偏离。这时,由于汽车本身离心力的作用,在车轮与路面接触处,路面对车轮作用着一个侧向作用力,作用力对车轮形成绕主销轴线作用的力矩,其方向正好与车轮偏转方向相反。在此力矩作用下,将使车轮回到原来的中间位置,从而保证汽车稳定直线行驶,故此力矩称为稳定力矩。

2. 主销内倾角

在设计转向桥时,主销在汽车的横向平面内,其上部向内倾斜一个 β 角,称为主销内倾角,如图1-4-6所示。

主销内倾角也有使车轮回正的作用,当转向轮在外力作用下由中间位置偏转一个角度时,车轮的最低点将陷入路面以下。但实际上车轮下边缘不可能陷入路面以下,而是将转向车轮连同整个汽车前部向上抬起相应的高度。这样,汽车本身的重力有使转向轮回到原来中间位置的效应。

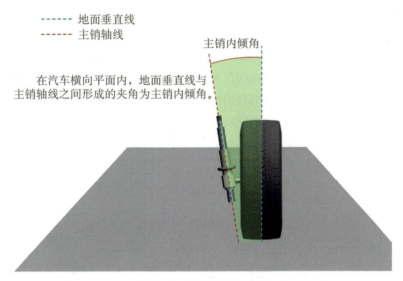

图1-4-6 主销内倾角

3. 前轮外倾角

通过前轮中心的汽车横向平面与前轮平面的交线与地面垂直之间的夹角 α 称为前轮外倾角,也具有定位作用,如图1-4-7所示。如果空车时前轮的安装正好垂直于路面,则满载时车桥将因承载变形而可能出现前轮内倾,这将加速汽车轮胎的偏磨损。另外,路面对前轮的垂直反作用力沿轮毂的轴向分力将使轮毂压向轮毂外端的小轴承,加重了外端小轴承及轮毂紧固螺母的负荷,降低了它们的使用寿命。

因此,为了使轮胎磨损均匀和减轻轮毂外轴承的负荷,安装前轮时因预先使其有一定的外倾角,以防止前轮内倾。同时,前轮有了外倾角也可以与拱形路面相适应。

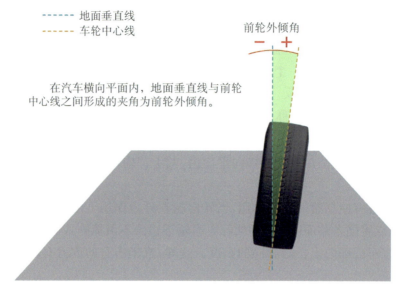

图 1-4-7 前轮外倾角

4. 前轮前束

前轮有了外倾角后,在滚动时就类似于滚锥,从而导致两侧前轮向外滚开。由于转向横拉杆和车桥的约束使前轮不可能向外滚开,前轮将在地面上出现边滚边滑的现象,从而增加了轮胎的磨损。为了消除前轮外倾带来的这种不良后果,在安装前轮时,使汽车两轮的中心面不平行,两轮前边缘距离小于后边缘距离,后边缘距离减去前边缘距离之差称为前轮前束,形成的前束角用 φ 表示,如图 1-4-8 所示。

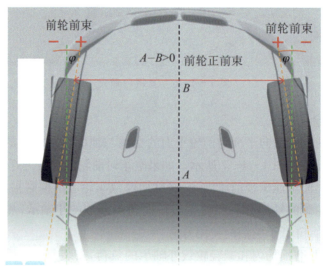

图 1-4-8 前轮前束

 **任务实施**

（一）实施方案

1. 质量要求

参照厂家的质量标准要求。

2. 组织方式

每四位同学一组，检修丰田 2007 款卡罗拉 1.6L/AT 轿车的四轮定位，按照企业岗位操作规范进行作业。每组作业时间为 20 min。

3. 作业准备

（1）技术要求与标准。

① 进入场地前根据工作安全操作手册的要求穿好工衣；

② 养成"采取安全防护措施"的习惯；

③ 养成工具、零部件、油液"三不落地"的职业习惯，工具及拆下的零部件等都应整齐地放置在工具车及零件盘中。

（2）设备器材（图 1-4-9）。

常用工具一套

四轮定位仪

举升机

图 1-4-9 设备器材

(3)场地设施:理实一体化教室、废气排放装置、消防设施等。

(4)设备设施:丰田2007款卡罗拉1.6L/AT轿车一辆、举升机、工具车、标保工具车、零件车、轮胎气压表、垃圾桶。

(5)安全防护:车轮挡块、室内三件套等。

(6)耗材:干净抹布。

(二)操作步骤

车辆检查

1. 检查前准备—车辆检查

(1)按照举升机操作规范,使用举升机主机举升车辆至合适高度,如图1-4-10所示。

图1-4-10 举升车辆

(2)检查车辆的外观与高度,如图1-4-11所示。

图1-4-11 检查车辆外观与高度

(3)使用钢直尺测量车后轮中心的离地间隙,如图1-4-12所示。

图1-4-12 测量后轮中心离地间隙

(4)使用钢直尺测量悬架1号下臂衬套固定螺栓中心的离地间隙,如图1-4-13所示。

图1-4-13 测量螺栓中心离地间隙

(5) 使用钢直尺测量前轮中心的离地间隙，如图 1-4-14 所示。

图 1-4-14　测量前轮中心离地间隙

(6) 使用钢直尺测量后牵引臂衬套固定螺栓中心的离地间隙，如图 1-4-15 所示。

图 1-4-15　测量螺栓中心离地间隙

(7) 依次检查轮胎外观是否完好、气压是否正常，如图 1-4-16 所示。

图 1-4-16　检查轮胎情况

(8) 检查转向盘自由行程是否小于 100 mm，如图 1-4-17 所示。

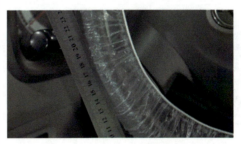

图 1-4-17　检查转向盘自由行程

2. 车轮摆动检查

(1) 举升车辆。
① 将车辆前轮正确停放在转角盘中间位置，如图 1-4-18 所示。

图 1-4-18　检查前轮停放

车轮摆动检查

图1-4-19　放置垫块

② 把垫块放置在举升机的规定位置,如图1-4-19所示。

图1-4-20　按举升机按钮

③ 按下举升机上升按钮,举升车辆至车轮离开转角盘20 cm左右,如图1-4-20所示。

图1-4-21　选用量具

(2) 检查轮胎与轮辋的跳动度。

① 按照维修手册规定,选用百分表、磁性表座等量具,如图1-4-21所示。

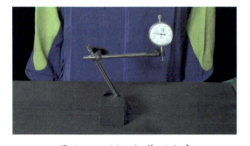

图1-4-22　组装百分表

② 组装百分表,如图1-4-22所示。

图1-4-23　安装磁性表座

③ 安装磁性表座,将百分表测量轴抵靠在轮辋外缘处,并使其有约为2 mm的压缩量,如图1-4-23所示。

④ 旋转轮胎一圈,读取轴向圆跳动,如图1-4-24所示。(轮胎轴向圆跳动标准:≤1.4 mm)

图1-4-24 读取轴向圆跳动

⑤ 安装磁性表座,将百分表测量轴抵靠在胎冠中心,并使其有约为3 mm的压缩量,如图1-4-25所示。

图1-4-25 安装磁性表座

⑥ 检查百分表吸盘是否存在吸力,以免测量时百分表移动。检测轮辋的径向圆跳动,如图1-4-26所示。(轮辋的径向圆跳动标准:≤0.75 mm)

图1-4-26 检查轮辋径向圆跳动值

(3) 四轮定位仪操作。

① 启动电脑,进入定位系统界面,如图1-4-27所示。

图1-4-27 启动电脑

② 建立车辆信息档案,如图1-4-28所示。

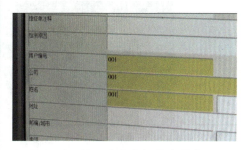

图1-4-28 建立车辆信息档案

图 1-4-29　选择车型数据

③ 选择车型数据,如图 1-4-29 所示。

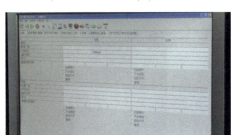

图 1-4-30　输入数据

④ 输入车辆状况,如图 1-4-30 所示。

图 1-4-31　降下车辆

⑤ 将举升机下降至最低锁止位置,如图 1-4-31 所示。

3. 底盘连接件的检查

底盘连接件的检查

图 1-4-32　检查横拉杆球头

(1) 检查横拉杆球头是否松动,横拉杆有无弯曲、损坏和松旷,如图 1-4-32 所示。

图 1-4-33　检查转向节

(2) 检查转向节是否松旷、损坏,如图 1-4-33 所示。

(3) 检查转向节与减振器的固定螺栓是否牢固，如图 1-4-34 所示。

图 1-4-34　检查固定螺栓

(4) 检查滑杆上部是否损坏、松旷，如图 1-4-35 所示。

图 1-4-35　检查滑杆上部

(5) 检查前稳定杆有无变形或松旷，如图 1-4-36 所示。

图 1-4-36　检查前稳定杆

(6) 检查稳定杆连杆有无弯曲或损坏，如图 1-4-37 所示。

图 1-4-37　检查稳定杆连杆

(7) 检查下悬架臂是否损坏，如图 1-4-38 所示。

图 1-4-38　检查下悬架臂

图1-4-39 检查后梁支架

（8）检查后梁支架有无弯曲或损坏，如图1-4-39所示。

图1-4-40 检查后悬架臂

（9）检查后悬架臂是否变形、损坏，如图1-4-40所示。

图1-4-41 检查托臂后桥

（10）检查托臂后桥是否变形、损坏，如图1-4-41所示。

4. 安装四轮定位仪夹具、传感器和连接电缆

图1-4-42 降下车辆

（1）先按上升按钮，举升机解锁后按下降按钮，将举升机下降至最低锁止位置，如图1-4-42所示。

图1-4-43 进入安装界面

（2）在定位仪界面点击"下一步"操作，进入夹具安装界面，如图1-4-43所示。

(3) 依次正确安装车轮卡具,如图 1-4-44 所示。

图 1-4-44　安装车轮卡具

(4) 检查四轮卡具安装是否正常,如图 1-4-45 所示。

图 1-4-45　检查四轮卡具

(5) 依次取下四个车轮夹具的加力杆,如图 1-4-46 所示。

图 1-4-46　取下加力杆

(6) 水平取出传感器,如图 1-4-47 所示。

图 1-4-47　取出传感器

(7) 将传感器安装头水平对正夹具中心槽孔,水平插入。按照此操作方法依次安装四个传感器,如图 1-4-48 所示。

图 1-4-48　安装传感器

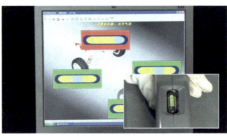

图1-4-49　调整水平

（8）调水平，使水平气泡移至中央处并锁紧，如图1-4-49所示。

图1-4-50　连接电缆

（9）连接传感器电缆，如图1-4-50所示。

图1-4-51　安装电缆头

（10）将传感器电缆对准传感器上方槽孔与电缆上的标记，电缆的另一端与仪器相连接，安装四个车轮的传感器电缆头，随后启动传感器，如图1-4-51所示。

5. 偏位补偿

偏位补偿

图1-4-52　放置挡块

（1）放置两侧车轮挡块，如图1-4-52所示。

图1-4-53　处于空档位置

（2）将变速杆调至空档，并释放驻车制动器，如图1-4-53所示。

（3）按下举升机上升按钮，举升车辆至车轮离开转角盘 10 cm 左右，如图 1-4-54 所示。

图 1-4-54　举升车辆

（4）按设备要求进行四轮偏位补偿，如图 1-4-55 所示。

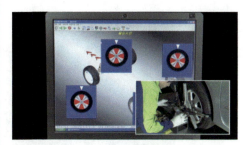

图 1-4-55　四轮偏位补偿

（5）完成四个车轮偏位补偿值计算，如图 1-4-56 所示。

图 1-4-56　偏位补偿值计算

（6）补偿结束后，拔出转角盘和后滑板的固定销，如图 1-4-57 所示。

图 1-4-57　拔出固定销

（7）将举升机下降至最低锁止位置，如图 1-4-58 所示。

图 1-4-58　降下车辆

车轮定位检测

6. 车轮定位检测

（1）移开两后轮挡块，如图 1-4-59 所示。

图 1-4-59　移开挡块

（2）检查两后轮是否落在后滑板上的正确位置，如图 1-4-60 所示。

图 1-4-60　检查后轮位置

（3）检查两前轮中心是否落在转角盘中心，如图 1-4-61 所示。

图 1-4-61　前轮位置

（4）插入制动锁并检查是否安装到位，如图 1-4-62 所示。

图 1-4-62　检查制动锁

7. 根据检测报告判断是否进行定位调整

分析检测数据与黑色标准数据，红色数据为不合格数据，绿色为合格数据，如数据显示不合格则进入定位调整操作。

检查检测报告判断是否进行定位调整

 任务小结

（一）汽车行驶系统功用

（1）接受由发动机经传动系统传来的转矩，并通过驱动轮与路面间的附着作用，产生路面对驱动轮的驱动力，以保证汽车正常行驶。

（2）传递并承受路面作用于车轮上的各向反作用力及其所形成的力矩。

（3）尽可能缓和路面不平对车身造成的冲击，并衰减其振动，以保证汽车行驶的平顺性。

（4）与汽车转向系统协调配合工作，实现汽车行驶方向的正确控制，以保证汽车操纵的稳定性。

（二）汽车行驶系统组成

汽车作为一种地面交通工具，其行驶系统的基本组成和结构形式，在很大程度上取决于汽车经常行驶路面的性质。绝大多数汽车还是经常行驶在比较坚实的道路上，其行驶系统中直接与路面接触的部分是车轮，因而称为汽车行驶系统，这样的汽车便是轮式汽车。轮式汽车行驶系统一般由车架、车桥、车轮和悬架组成。

（三）车桥功用

车桥通过悬架和车架相连，车桥两端安装车轮，其功用是传递车架与车轮之间各方向的作用力及其力矩。

（四）四轮定位参数

转向桥在保证汽车转向功能的同时，应使转向轮有自动回正作用，以保证汽车稳定直线行驶。即当转向轮在偶遇外力作用发生偏转时，一旦作用的外力消失，应能立即自动回到原来直线行驶的位置。这种自动回正作用是由转向轮的定位参数来保证的，也就是转向轮主销和前轴之间的安装应具有一定的相对位置。转向轮的定位参数主要有主销后倾角、主销内倾角、前轮外倾角、前轮前束。

（五）四轮定位检测步骤

当诊断确定故障存在于四轮定位时，需要对汽车进行四轮定位检测，其内容包括：

（1）车辆检查。

（2）车轮摆动检查。

（3）底盘连接件的检查。

（4）安装四轮定位仪夹具、传感器和连接电缆。

（5）偏位补偿。

（6）车轮定位检测。

（7）根据检测报告判断是否进行定位调整。

任务评价

（一）课堂练习

1. 判断题

（1）车桥通过悬架和车架相连，车桥两端安装车轮，其功用是传递车架与车轮之间各方向的作用力及其力矩。（　　）

（2）转向桥没有使转向轮自动回正的作用。（　　）

（3）转向轮偶然受到外力作用而稍有偏移，将使汽车行驶方向向右偏离。（　　）

（4）为了使轮胎磨损均匀和减轻轮毂外轴承的负荷，安装前轮时应预先使其有一定的外倾角，以防止前轮内倾。（　　）

2. 选择题

（1）以下对于汽车行驶系统功用描述不正确的是（　　）。

　　A. 通过驱动轮与路面间的附着作用，产生路面对驱动轮的驱动力

　　B. 不承受路面作用于车轮上的各方向作用力及其所形成的力矩

　　C. 尽可能缓和不平路面对车身造成的冲击，并衰减其振动，以保证汽车行驶平顺性

　　D. 与汽车转向系统协调配合工作，实现汽车行驶方向正确控制，以保证汽车操纵稳定性

（2）用百分表和磁性表座检查轮胎跳动度时，应旋转轮胎一圈，读取轴向圆跳动。轮胎轴向圆跳动标准为（　　）。

　　A. 2.4 mm　　　B. 1.6 mm　　　C. 1.4 mm　　　D. 1.9 mm

（二）技能评价（表1-4-1）

表1-4-1　技能评价表

序号	内　　容	分值	得分
1	车辆检查	10	
2	车轮摆动检查	15	
3	底盘连接件的检查	15	
4	安装四轮定位仪夹具、传感器和连接电缆	15	
5	偏位补偿	20	
6	车轮定位检测	25	
	总分	100	

（注：操作规范即得分，操作错误或未进行操作即0分）

学习拓展

（一）车架

汽车车架俗称"大梁"，用以安装汽车的发动机、变速器、传动轴、前、后桥和车身等总成和部件，使各总成保持正确的相对位置，并承受汽车内外的各种载荷。

因此，车架应具有足够的强度和合适的刚度，同时具有结构简单、质量小等特点，还应尽可能降低汽车质心和获得较大的前轮转向角，以保证汽车行驶的稳定性和转向灵活性。

现代汽车大多数都装有独立的车架。目前，汽车车架的结构形式有四种，即边梁式、中梁式、综合式和铰接式。此外，现代轿车和部分客车为了减小质量，取消了车架，制成了能够承受各种载荷的承载式车身，即无梁式车身，以车身兼代车架，如图1-5-1所示。

图1-5-1 承载式车身

（二）车桥

车桥通过悬架与车架（或承载式车身）相连，车桥两端安装车轮。车桥的作用是传递车架和车轮之间的各个方向的作用力，并承受这些力所形成的弯矩和扭矩。

按悬架的结构形式不同，车桥可分为断开式和非断开式两种。通常断开式车桥配用独立悬架，非断开式车桥配用非独立悬架。

按车桥上车轮的作用不同，车桥又可分为转向桥、驱动桥、转向驱动桥和支撑桥四种类型。转向驱动桥既能实现转向，同时还具有驱动力，如图1-5-2所示。支撑桥既不能转向，也没有动力，只起到承载的作用。

图 1-5-2 转向驱动桥

（三）弹性元件

1. 钢板弹簧的结构

钢板弹簧是汽车悬架中应用最广泛的一种弹性元件，其结构如图 1-5-3 所示。它是由若干片等宽但不等长（厚度可以相等，也可以不等）的合金弹簧片组合而成的一根近似等强度的弹性梁。

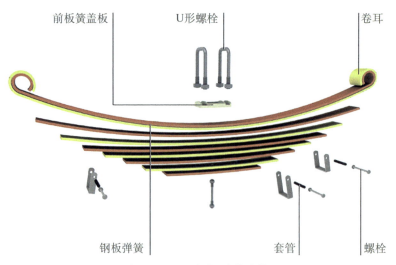

图 1-5-3 钢板弹簧结构

钢板弹簧中最长的一片称为主片，其两端弯成卷耳，内装由青铜或塑料、橡胶、粉末冶金等制成的衬套，以便用弹簧销与固定在车架上的支架或吊耳作铰链连接。钢板弹簧的中部一般用 U 形螺栓固定在车桥上。

当钢板弹簧承受载荷时，各弹簧片都受力变形，有向上拱弯的趋势，这时车桥和车架便相互靠近；当车桥和车架互相远离时，钢板弹簧所受的正向垂直载荷和变形便逐渐减少，有时甚至会反向。

钢板弹簧在载荷作用下变形时，各片之间由于相对滑动而产生摩擦，可以促进车架振动的衰减。但各片间的干摩擦将使车轮所受的冲击在很大程度上传给车架，即降低了悬架缓和冲击的能力，并使弹簧各片加速磨损，这是不利的。为减少弹簧片的磨损，在装合钢板弹簧时，各片间须涂上较稠的润滑剂，并应定期进行保养。

2. 螺旋弹簧的结构形式

螺旋弹簧由弹簧钢棒料卷制而成，分为等螺距螺旋弹簧和变螺距螺旋弹簧两种，等螺距螺旋弹簧的刚度不变，而变螺距螺旋弹簧的刚度是可变的，结构如图1-5-4所示。

图1-5-4 螺旋弹簧结构形式

螺旋弹簧本身没有减振作用，因此在螺旋弹簧悬架中必须装减振器；另外，螺旋弹簧只能承受垂直载荷，必须装设导向机构以传递垂直力以外的各种力和力矩。

3. 扭杆弹簧的结构

扭杆弹簧（图1-5-5）本身是一根由铬钒合金弹簧钢制成的杆，一端固定在车架上，另一端固定在悬架的摆臂上，摆臂还与车轮相连。采用扭杆弹簧的悬架质量较小，结构比较简

图1-5-5 扭杆弹簧结构

单,也不需润滑。通过调整扭杆弹簧固定端的安装角度,可较易实现车身高度的自我调节。此外,扭杆弹簧在汽车上的布置比较方便,可以与汽车纵轴线平行布置,也可以横向布置。

(四) 减振器

1. 单气室浮动活塞分隔式减振器的结构和工作原理

图 1-5-6　单气室浮动活塞分隔式减振器结构

单气室浮动活塞分隔式减振器是一种新型减振器,其结构特点是在工作缸筒的下部装有一个浮动活塞,在浮动活塞与工作缸筒一端形成的密封气室,内充有高压的氮气。浮动活塞上装有大断面的 O 形密封圈,它把油和气完全分开,消除了油的乳化现象。如图 1-5-6 所示。

当车轮上下跳动时,减振器的工作活塞在油液中做往复运动,使工作活塞的上腔和下腔之间产生油压差,压力油便推开压缩阀或伸张阀来回流动。阀对压力油会产生较大的阻尼力,故使振动衰减。如图 1-5-7 所示。

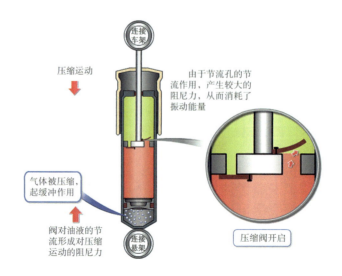

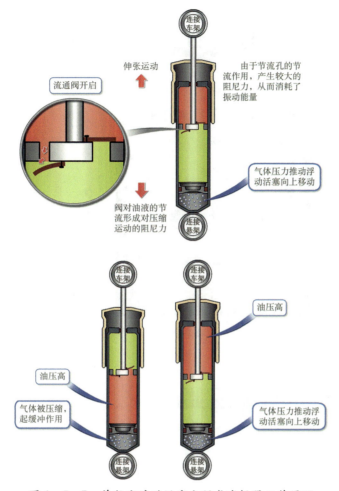

图 1-5-7 单气室浮动活塞分隔式减振器工作原理

2. 阻力可调式减振器的结构和工作原理

装有这种阻力可调式减振器的悬架结构,采用了刚度可变的空气弹簧,如图 1-5-8 所示。其工作原理是,当汽车的载荷增加时,空气囊的气压升高,则气室内的气压也随之升高,膜片向下移动,与弹簧产生的压力相平衡。与此同时,膜片带动与它相连的活塞杆和活塞下移,减少了油液流经节流孔的流量,从而增加了油液流动阻力。如图 1-5-9 所示。

反之,当汽车载荷减少时,活塞上移,增大了节流孔的通道截面积,从而减小了油液的流动阻力,达到了随着汽车载荷的变化而改变减振器阻力的目的。如图 1-5-10 所示。

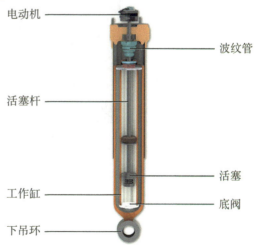

图 1-5-8 阻力可调式减振器结构

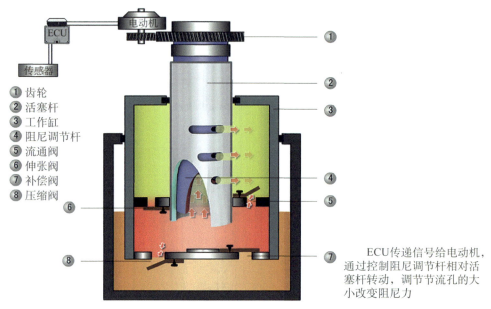

图1-5-9 汽车载荷增加时阻力可调式减振器工作原理

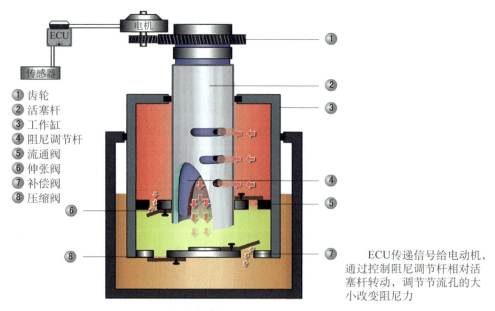

图1-5-10 汽车载荷减小时阻力可调式减振器工作原理

项目二 转向系统检修

项目导入

汽车上用来改变行驶方向的机构称为转向系统。转向系统不仅使汽车按驾驶员控制的方向行驶,还可以克服由于路面侧向干扰力使车轮产生的转向作用,恢复汽车的行驶方向。

本任务主要是对转向系统主要部件的检修作业,深层认识转向系统的组成结构及工作原理,进一步掌握转向系统检修的基本方法。

学习目标

素养目标
- 了解安全操作要求,养成安全文明操作的习惯。
- 养成组员之间互相协作的习惯。
- 实训操作结束后清洁工具,并将工具设备归位,清洁场地。

技能目标
- 依据厂商规定的技术标准及规范操作要求,完成转向助力油的检查与更换作业。

知识目标
- 掌握转向盘自由行程的检查方法。

学习任务

(1) 检查转向盘自由行程。
(2) 检查与更换转向助力油。
(3) 检查与更换转向助力泵。
(4) 检查与更换转向器。

项目二 转向系统检修

学习任务 1　检查转向盘自由行程

- 熟知转向盘的结构和功用。
- 熟知转向盘自由行程的概念。
- 掌握转向盘自由行程的检查方法。

- 转向盘自由行程的检查方法。

知识准备

（一）转向盘结构

转向盘即方向盘，是操纵汽车行驶方向的轮状装置。转向盘一般通过花键与转向轴相连。转向盘在驾驶员与车轮之间引入的齿轮系统操作灵活，很好地隔绝了来自道路的剧烈振动。不仅如此，好的转向系统还能为驾驶者带来一种"路感"。转向盘的结构包括轮缘、轮辐和转向盘轮毂，如图 2-1-1 所示。轮辐辐条数量一般为三根或四根，也有两根。转向盘

图 2-1-1　转向盘结构

轮毂孔具有细牙内花键,借此与转向轴连接。转向盘的内部由成形的金属骨架构成。骨架外面包有橡胶或树脂,也有包皮革的,这样可以有良好的手感,且可以防止手心出汗时握转转向盘打滑。

(二)转向盘自由行程

转向盘的自由行程是指转向盘在空转阶段的角行程,主要是由于转向系统各传动件之间的装配间隙和弹性变形所引起的。由于转向系统各传动件之间都存在着装配间隙,而且这些间隙将随着零件的磨损而增大。因此,在一定的范围内转动转向盘时,转向节并不会马上同步转动,而是在消除这些间隙并克服机件的弹性变形后才进行相应的转动,即转向盘有一个空转过程。如图 2-1-2 所示。

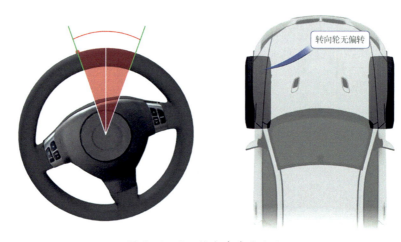

图 2-1-2 转向盘自由行程

转向盘空转阶段:转向盘克服转向系统内部的摩擦,使各传动件运动到其间的间隙完全消除的阶段。

转向盘自由行程对于缓和路面冲击及避免使驾驶员过度紧张是有利的,但不宜过大,以免过分影响灵敏性。一般说来,转向盘从相应于汽车直线行驶的中间位置向任一方向的自由行程最好不超过 10°—15°。当零件磨损严重到使转向盘自由行程超过 25°—30°时,必须进行调整。

(一)实施方案

1. 质量要求

参照厂家的质量标准要求。

2. 组织方式

每四位同学一组,检查别克 2008 款凯越 1.6LE-AT 轿车的转向盘自由行程,按照企业岗位操作规范进行作业。

3. 作业准备

（1）技术要求与标准。

转向盘的自由行程不大于10°。

（2）设备器材（图2-1-3）。

常用工具

橡皮筋

双面胶

转向盘参数检测仪

图2-1-3 设备器材

（3）场地设施：理实一体化教室、废气排放装置、消防设施等。

（4）设备设施：别克2008款凯越1.6LE-AT轿车、常用工具、工具车、零件车、标保工具车、垃圾桶等。

（5）安全防护：车轮挡块、室内三件套等。

（6）耗材：干净抹布。

（二）操作步骤

1. 安装转向测试仪

（1）摆正车轮。

① 将汽车钥匙插入钥匙孔，转动到ACC档位，如图2-1-4所示。

图2-1-4 插入汽车钥匙

安装转向测试仪

图 2-1-5　检查车轮是否处于直线行驶位置

② 检查车轮和转向盘是否同时处于直线行驶位置，如图 2-1-5 所示。

注意事项

转向盘转动到直线行驶位置时，车轮不一定在直线行驶位置，要以车轮处于直线行驶的位置为准。

图 2-1-6　安装转向盘套

（2）组装转向测试仪。

① 检查仪器面板是否正常，并将转向盘套安装到转向测试仪上，如图 2-1-6 所示。

图 2-1-7　安装转向盘固定支架

② 将仪器背面朝上，安装转向盘固定支架，并预紧支架固定螺栓，如图 2-1-7 所示。

注意事项

预紧支架固定螺栓不能太用力，便于安装时调整。

图 2-1-8　安装转向盘固定支架卡钳

（3）安装转向测试仪。

① 将转向测试仪与转向盘平行放置。

② 安装最上端的转向盘固定支架卡钳，如图 2-1-8 所示。

③ 调整左右两侧的转向盘支架长度，安装转向盘卡钳。

④ 紧固三处转向盘支架固定螺栓,如图 2-1-9 所示。

图 2-1-9　紧固转向盘支架固定螺栓

⑤ 检查固定支架调整螺栓与转向盘卡钳的末端的距离是否一致,保证仪器与原车转向盘中心一致,如图 2-1-10 所示。

图 2-1-10　检查转向测试仪位置

　　安装转向测试仪时,必须保证两处摆正——转向盘摆正、转角测试仪摆正。
　　安装完一个转向盘支架后,转向盘卡钳上的固定螺栓必须紧固住。
　　确定固定支架调整螺栓与转向盘卡钳的末端的距离是否一致,保证仪器与原车转向盘中心一致。
　　安装完转向测试仪后,必须将所有的支架固定螺栓固定住。

(4) 开机。
① 按下面板上的开机键。
② 检查面板上是否完整显示三位数值,如图 2-1-11 所示。

图 2-1-11　检查面板显示数值

　　如果仪器面板上的显示器出现字迹慢慢淡化的现象,说明仪器内部电源不足,需充电。

图 2-1-12 查看仪器左侧显示器数值

（5）查看仪器左侧显示器显示的数值并且使其归零，如图 2-1-12 所示。

注意事项

转向测试仪力矩归零时应使用微型专用螺钉旋具，调整时，速度一定要慢，因为仪器反应滞后，容易调整过量。

图 2-1-13 查看仪器右侧显示器数值

（6）转向测试仪转向转角归零。

① 查看仪器右侧显示器显示的数值，如图 2-1-13 所示。

图 2-1-14 调整中间位置的旋钮

② 若出现正数，可用手逆时针调整中间位置的旋钮直至显示为零；若出现负数，需顺时针调整直至显示为零，如图 2-1-14 所示。

图 2-1-15 安装 S 形挂钩

（7）将 S 形挂钩朝上放入转角测试孔内，将孔左侧的螺栓固定，使其与转向测试仪为一体，如图 2-1-15 所示。

在固定时,始终保持转角的零点位置。

(8)将前风窗玻璃挂钩背面贴上双面胶,贴在前风窗玻璃内侧适当位置,如图2-1-16所示。

图2-1-16 安装前风窗玻璃挂钩

前风窗玻璃挂钩与仪器上S形挂钩的连接线应平行于仪器上平面。

(9)将橡皮筋的两端各系一个扣,并将其与前风窗玻璃挂钩和仪器S形挂钩两端相连接,如图2-1-17所示。

图2-1-17 安装橡皮筋

注意事项

橡皮筋的长短要合适,以橡皮筋拉伸30~50 mm为宜。

2. 测量转向盘的自由行程

(1)将点火开关转到ACC档。

① 检查驻车制动杆是否拉起,如图2-1-18所示。

图2-1-18 检查驻车制动杆

测量转向盘的自由行程

图 2-1-19　检查变速杆位置

② 检查变速杆是否在 P 位，如图 2-1-19 所示。

图 2-1-20　将钥匙转到 ACC 位置

③ 将钥匙转到 ACC 位置，如图 2-1-20 所示。

不要碰触转向盘。

图 2-1-21　查看显示器数值

（2）向左转动转向盘。

① 再次检查转角显示是否在零点位置，如图 2-1-21 所示。

图 2-1-22　按下保持键

② 向左轻轻转动转向盘至力矩显示为 3 N·m，按下保持键，如图 2-1-22 所示。此时显示的转角为转向盘向左的自由行程。

转动转向盘前一定要保证转角显示为零,转动要慢并且时刻关注仪表上的力矩显示。

（3）向右轻轻转动转向盘至力矩显示为3 N·m,按下保持键。此时显示的转角为转向盘向右的自由行程。

（4）拆卸仪器。

① 用与安装相反的顺序拆卸转向测试仪。

② 清点及清洁转向测试仪及附件,将其归位。

拆卸时,仪器不要落到地上,以免损坏仪器。

3. 调整转向盘自由行程

通过以上检查,如果转向盘自由行程不符合要求,则检查与调整转向器及转向传动机构各部件间隙。若出现转向球头松旷,则将其更换。

4. 竣工检查

通过上述步骤检查与调整,验证转向盘自由行程是否在正常范围内。

（一）转向盘的结构

转向盘由轮缘、轮辐和转向盘轮毂组成。

（二）转向盘的自由行程

转向盘的自由行程是指转向盘在空转阶段的角行程,转向盘自由行程对于缓和路面冲击及避免使驾驶员过度紧张是有利的,但不宜过大,以免过分影响灵敏性。一般说来,转向盘从相应于汽车直线行驶的中间位置向任一方向的自由行程最好不超过10°—15°。当零件磨损严重到使转向盘自由行程超过25°—30°时,必须进行调整。

（三）检查转向盘自由行程主要步骤

（1）安装转向检测仪。

（2）测量转向盘的自由行程(自由行程应不大于10°)。

（3）调整转向盘自由行程。

（4）竣工检查。

任务评价

（一）课堂练习

1. 判断题

（1）摆正车轮时，转向盘转动到直线行驶位置时，车轮不一定在直线行驶位置，要以车轮处于直线行驶的位置为准。（　　）

（2）转向测试仪力矩归零时，速度一定要快。（　　）

（3）测量转向盘自由行程中，在转动转向盘之前转角显示数值可以不为零。（　　）

2. 单选题

（1）测量转向盘自由行程时，向右（左）转动转向盘至力矩为（　　），按下保持键，此时显示的转角为转向盘向右（左）的自由行程。

　　A. 2 N·m　　　B. 3 N·m　　　C. 4 N·m　　　D. 5 N·m

（2）连接前风窗玻璃和转向测试仪 S 形挂钩的橡皮筋，以拉伸（　　）为宜。

　　A. 20—30 mm　　B. 25—40 mm　　C. 30—40 mm　　D. 30—50 mm

（二）技能评价（表 2-1-1）

表 2-1-1　技能评价表

序号	内　　容	分值	得分
1	安装转向测试仪	25	
2	测量转向盘的自由行程	25	
3	调整转向盘自由行程	25	
4	竣工检查	25	
	总分	100	

（注：操作规范即得分，操作错误或未进行操作即 0 分）

学习任务 2　检查与更换转向助力油

任务目标

◎ 熟知转向助力油的作用和性能。
◎ 熟知转向助力油的助力原理。
◎ 依据厂商规定的技术标准及规范操作要求，完成转向助力油的检查与更换作业。

学习重点

◎ 转向助力油的检查与更换作业。

知识准备

（一）转向油罐在汽车上的位置及作用

转向油罐的作用是储存、滤清、冷却液压转向加力装置的工作油液。转向油罐一般单独安装，如图 2-2-1 所示，但也有直接安装在转向液压泵上的。

图 2-2-1　转向油罐的安装位置

（二）转向助力油作用及助力原理

转向助力油是一种加注在汽车转向系统里的特种油液，与自动变速器油液、制动油液以及减振油液类似。

转向助力油不但储存在转向油罐中，同时还存在于液压助力系统的油罐和油缸中，是加注在助力转向系统的一种介质油，起到缓冲和传递转向力的作用。

储油罐中的低压油经过转向助力泵加压之后转换成高压油，高压油经过转向系统中的液压管路进入液压助力油缸，推动助力缸中的活塞左右移动，从而使液压能转换成机械能，达到助力的作用，如图2-2-2所示。

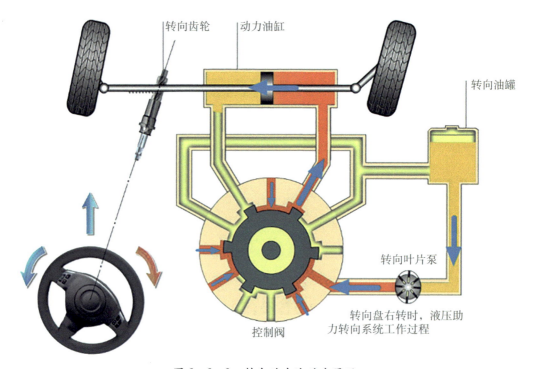

图2-2-2　转向助力油助力原理

（三）转向助力油的性能

1. 抗磨性能

油品抗磨性能不好表现为润滑油在金属表面的油膜保持能力差，随着转向系统频繁工作，油膜被破坏，从而造成干摩擦，引起系统内构件摩擦表面的磨损和擦伤，导致机械故障。为保证系统的正常运行，减少系统的故障率，要求转向油液具有更好的抗磨性能。

2. 低温性能

低温性能是衡量油品在低温条件下流动性的重要指标。由于车辆所处环境不同，不同季节温度变化较大，尤其是在低温条件下启动时，如果转向油液的低温性能不好，会造成转向困难。

3. 空气释放性和抗泡沫性

空气释放性反映油品分离雾沫空气的能力，抗泡沫性则表示了油品在有空气进入的情况下消除泡沫能力的好坏,如图 2-2-3 所示。混入空气的转向油液工作时会使系统的效率降低,润滑条件恶化,严重时会产生异常的噪声、振动等,甚至还会造成驱动系统压力不足和传动反应迟缓的软操作。

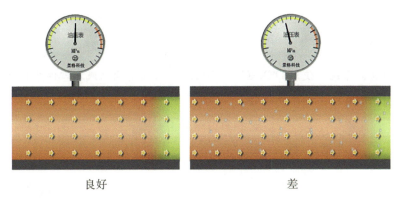

图 2-2-3 转向助力油抗泡沫性

4. 抗剪切稳定性

由于车辆在行进过程中转向系统频繁工作,对油品剪切作用非常大。具有良好的抗剪切能力的转向油液能保持足够的黏度,在摩擦副表面形成持续的油膜,如图 2-2-4 所示。

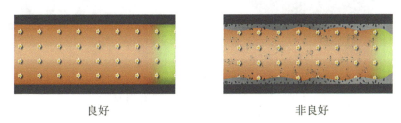

图 2-2-4 转向助力油稳定性

(四) 更换转向助力油周期

一般汽车厂家不会严格规定转向助力液压油的更换周期。以别克凯越为例,每次保养都需检查转向助力液压油和管路,视检查结果确定转向助力液压油是否需要更换。

任务实施

(一) 实施方案

1. 质量要求
参照厂家的质量标准要求。

2. 组织方式
每四位同学一组,以别克 2008 款凯越 1.6LE-AT 轿车为例,检查与更换其转向助力油,按照企业岗位操作规范进行作业。

3. 作业准备

（1）技术要求与标准。

① 油液和润滑脂推荐（表 2-2-1）。

表 2-2-1　油液和润滑脂推荐

应用	油液/润滑脂
动力转向系统	使用 DEXRON-III(1.1 L)或上海通用汽车零件号 93740316(1.1 L)
密封条	硅基润滑脂

（2）设备器材（图 2-2-5）。

常用工具一套

手动助力泵

图 2-2-5　设备器材

（3）场地设施：理实一体化教室、废气排放装置、消防设施等。

（4）设备设施：别克 2008 款凯越 1.6LE-AT 轿车、常用工具、工具车、零件车、标保工具车、垃圾桶等。

（5）安全防护：车轮挡块、室内三件套等。

（6）耗材：干净抹布。

（二）操作步骤

检查转向助力油

1. 检查转向助力油

（1）检查转向助力油液位。

① 清洁转向助力油储油罐上的污物，如图 2-2-6 所示。

图 2-2-6　清洁转向油罐

② 检查转向助力油液面的位置,加热后的转向助力油温度约为 66℃,油液应在 MAX 和 MIN 之间。冷却后的转向助力油的温度约为 21℃,油液位置应在 MIN 最低标记处。如图 2-2-7 所示。

③ 如果发现转向助力油液位明显下降,应检查转向助力油中是否含有空气,软管接头处和密封圈处是否有渗油、漏油。若存在以上问题应修复,并添加相同型号的转向助力油。

（2）检查转向助力油品质。目视转向助力油是否变色或产生气泡,如果存在以上问题应更换相同型号的转向助力油,如图 2-2-8 所示。

图 2-2-7　转向油罐液位标记

图 2-2-8　转向助力油品质对比

2. 更换转向助力油

（1）根据举升机操作规范,举升车辆到操作合适位置,如图 2-2-9 所示。

更换转向助力油

图 2-2-9　举升车辆

举升车辆到合适位置,确保前车轮能自由旋转。

（2）抽出储油罐内的转向助力油。

① 用干净的抹布清洁储油罐外部及油管接头处的油渍灰尘,如图 2-2-10 所示。

图 2-2-10　清洁转向油罐

图 2-2-11 抽取转向助力油

② 旋开储油罐罐盖,正确使用抽油器从储油罐中抽出转向助力油,如图 2-2-11 所示。

图 2-2-12 放置储液盘至正确位置

(3) 排净转向系统中的转向助力油。

① 将储液盘放在储油罐出油软管的正下方,如图 2-2-12 所示。

图 2-2-13 移出出油管固定卡箍

② 按照维修手册规定,使用鲤鱼钳将出油管固定卡箍移出原抱箍位置,如图 2-2-13 所示。

图 2-2-14 拆下储油罐上的出油软管

③ 拆下储油罐上的出油软管,并放入储液盘中,如图 2-2-14 所示。

储液盘的位置应低于转向助力泵的位置,否则油液无法排净。

(4) 起动发动机。

① 检查变速杆是否处在 P 位,如图 2-2-15 所示。

图 2-2-15　检查变速杆位置

② 检查驻车制动杆是否拉紧,如图 2-2-16 所示。起动发动机,保持怠速运行。将转向盘从左到右,从右到左,来回转动,确保将转向助力系统中的转向助力油排完。

图 2-2-16　检查驻车制动杆是否拉紧

> **注意事项**
>
> 转动转向盘时,不能将转向盘停留在左右极限位置,否则会导致系统压力过高、过热,损坏动力转向泵。

③ 确认转向助力油排完后,关闭点火开关,确保发动机停止运转。

(5) 清洗动力转向系统。

① 安装储油罐上的出油软管,正确使用鲤鱼钳将出油管固定卡箍移到正确的原抱箍位置,如图 2-2-17 所示。

图 2-2-17　安装储液罐上的出油软管

② 按照维修手册规定,加注规定型号的转向助力油,使液面到标记的 MIN 位置,如图 2-2-18 所示。

图 2-2-18　加注转向助力油

图 2-2-19 起动发动机

③ 起动发动机,让其怠速运转,如图 2-2-19 所示。

图 2-2-20 检查转向系统

④ 检查转向系统,将转向盘从左到右,从右到左来回转动。此时,转向系统处于正常工作状态,如图 2-2-20 所示。

图 2-2-21 发动机怠速运转

⑤ 发动机怠速运转 1—3 min 后,关闭点火开关,使发动机停止运转,如图 2-2-21 所示。

图 2-2-22 抽取转向助力油

⑥ 使用抽油器抽出转向助力罐中的转向助力油,如图 2-2-22 所示。

图 2-2-23 查看储液盘中的转向助力油

⑦ 使用鲤鱼钳拆下储油罐上的出油软管,并将其放入储液盘中。查看储液盘中的转向助力油,直到转向助力油干净为止,否则重复以上步骤,如图 2-2-23 所示。

3. 加注转向助力油

（1）加注转向助力油。

① 安装储油罐上的出油软管，正确使用鲤鱼钳将出油管固定卡箍安装到正确的原抱箍位置，如图2-2-24所示。

加注转向助力油

图2-2-24 安装储油罐上的出油软管

② 按维修手册规定，加注规定型号的转向助力油，使液面到规定的MIN标记位置，如图2-2-25所示。

图2-2-25 加注转向助力油

注意事项

确保油管固定卡箍紧固，且使用的转向助力油是规定型号的转向助力油。（参见"技术要求与标准"）

（2）排净动力转向系统中的空气。

① 进入驾驶室，起动发动机，并让其怠速运转，如图2-2-26所示。

图2-2-26 起动发动机

② 重新检查液面，必要时，添加转向助力油，使液面达到MIN标记位置，如图2-2-27所示。

图2-2-27 检查转向助力油液位

图 2-2-28　左右移动转向盘

③ 将转向盘从左到右,从右到左来回转动,排除系统中的空气,如图 2-2-28 所示。

图 2-2-29　观察储油罐中的油液

④ 检查储油罐中的油液是否起泡或者乳化,如果有起泡或乳化现象,则检查系统是否有泄漏并修复,如图 2-2-29 所示。

图 2-2-30　观察液面位置

⑤ 使转向盘回到中心位置,让发动机继续运转 1—3 min 后,关闭点火钥匙,使发动机停止运转,观察液面位置,如图 2-2-30 所示。

动力转向系统经过维修,必须从转向机构排除空气才能得到正确的液面位置。油液中的空气可能会导致泵产生噪声,长时间存在空气还会导致泵损坏。

图 2-2-31　降下车辆

(3) 根据举升机的操作规范,将车辆降至地面,如图 2-2-31 所示。

(4) 重新检查转向助力油。

① 起动发动机,确保转向功能正常且没有噪声,如图 2-2-32 所示。

图 2-2-32　确保转向功能正常

② 重新检查液面,确保系统达到正常工作温度,稳定后液面应达到 MAX(最高)和 MIN(最低)之间,如图 2-2-33 所示。

图 2-2-33　检查转向助力油液面

③ 再次检查出油软管与储油罐连接处是否泄漏,如图 2-2-34 所示。

图 2-2-34　检查出油软管与储液罐连接处

如果发现转向助力油液位明显下降,应检查转向助力油中是否有空气,软管接头处和密封圈处是否有渗油、漏油。若存在以上问题,应立即修复,并添加相同型号的转向助力油。

4. 竣工检查

通过上述步骤检查与更换转向助力油,验证转向盘转动是否灵敏,清洁、整理工量具,清洁、整理场地。

(一) 转向油罐在汽车上的位置及作用

转向油罐的作用是储存、滤清并冷却液压转向加力装置的工作油液。转向油罐一般单独安装，也有直接安装在转向液压泵上的。

（二）转向助力油性能

转向助力油可防止零部件锈蚀及清洁零部件表面的杂质；可使转向盘变得非常轻巧，缓和运动部件之间的振动，减少冲击。转向助力油是一种加注在汽车转向系统里的特种油液，与自动变速器油液、制动油液以及减振器油液类似。

（三）更换转向助力油时间

一般汽车厂家不会严格规定转向助力油的更换周期。以别克凯越为例，每次保养都需检查转向助力油和管路，视检查结果确定转向助力油是否需要更换。

（四）检查与更换转向助力油的操作步骤

（1）检查转向助力油：加热后的转向助力油温度为66℃，油液液面应在MAX和MIN之间。冷却后的转向助力油的温度为21℃，油液位置应在MIN最低标记处。

（2）更换转向助力油：排净并清洗动力转向系统。

（3）加注转向助力油：加注并排净动力转向系统中的空气，再次检查液面，液面应在MAX和MIN之间。

（4）竣工检查。

（一）课堂练习

1. 判断题

（1）混入空气的转向油液工作时会使系统的效率降低，润滑条件恶化，严重时会产生异常的噪声、振动等，甚至还会造成驱动系统压力不足和传动反应迟缓的软操作，这就需要转向油液具有空气释放性。（　　）

（2）转向助力油液位检查标准：加热后的转向助力油温度约为66℃，油液应在MAX和MIN之间。冷却后的转向助力油的温度约为21℃，油液位置可在MIN最低标记处。（　　）

（3）储液盘的位置应低于转向助力泵的位置，否则油液不能排净。（　　）

2. 单选题

（1）下面哪一项不属于转向油罐的作用？（　　）。

　　A. 储存　　　　　　　　B. 滤清
　　C. 润滑　　　　　　　　D. 冷却

（2）转向油液能保持足够的黏度，在摩擦副表面能形成持续的油膜，这体现了转向油液的（　　）。

　　A. 抗磨性能　　　　　　B. 抗剪切稳定性
　　C. 低温性能　　　　　　D. 抗泡沫性

（二）技能评价（表 2-2-2）

表 2-2-2 技能评价表

序号	内　　容	分值	得分
1	检查转向助力油液位和品质	10	
2	抽出储油罐内的转向助力油	10	
3	排净转向系统中的转向助力油	15	
4	清洗动力转向系统	15	
5	加注转向助力油	15	
6	排净动力转向系统中的空气	15	
7	复查转向助力油液位	10	
8	竣工检查	10	
	总分	100	

（注：操作规范即得分，操作错误或未进行操作即 0 分）

学习任务 3　检查与更换转向助力泵

任务目标

- 熟知液压助力转向系统和转向助力泵的组成。
- 熟知转向助力泵的功用和工作原理。
- 依据厂商规定的技术标准及规范操作要求，完成转向助力泵的检查与更换作业。

学习重点

- 转向助力泵的检查与更换作业。

知识准备

（一）液压助力转向系统组成

助力转向系统是一套兼用驾驶员体力和发动机动力为转向能源的转向系统。在正常情况下，汽车转向所需的能量只有小部分由驾驶员提供，而大部分能量由发动机通过转向助力装置提供。

助力转向系统分为电动助力转向系统和液压助力转向系统。其中，齿轮齿条式液压助力转向系统主要由齿轮齿条转向器（转向盘、转向柱管及万向节、齿轮齿条转向器）和液压助力系统（储油罐、转向控制阀和转向助力泵）两部分组成，如图 2-3-1 所示。

（二）转向助力泵功用

转向助力泵是液压转向助力装置的供能装置。转向助力泵只受发动机驱动，一旦发动机停止运转，助力泵即无压力油输出。换句话说，转向助力泵是以发动机为动力，其作用是将发动机输入的机械能转化为液压能输出，为转向助力油缸提供液压助力。如图 2-3-2 所示。

（三）转向助力泵组成

转向助力泵的结构形式有齿轮泵、叶片泵、转子泵和柱塞式泵等。以叶片泵为例，其结构主要由壳体、定子、转子、叶片、驱动轴、带轮、配油盘和进出油口等组成，如图 2-3-3 所示。

项目二 转向系统检修

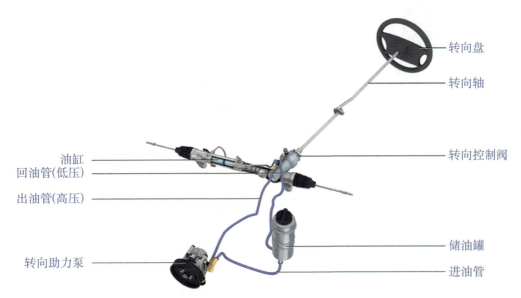

图2-3-1 齿轮齿条式液压助力转向系统组成

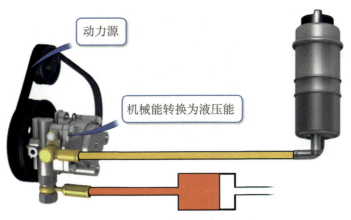

图2-3-2 转向助力泵功用

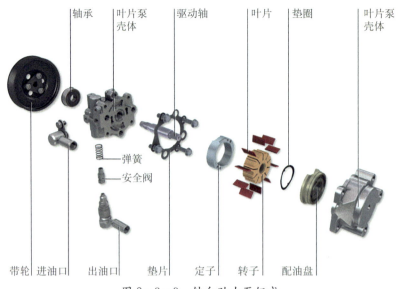

图 2-3-3 转向助力泵组成

（四）转向助力泵工作原理

转向助力泵工作原理如图 2-3-4 所示，当转子旋转时，叶片在离心力及高压液体的作用下紧贴在定子的内表面，叶片之间形成一个空腔。随着转子的旋转，空腔的工作容积由小变大，腔内压力逐渐变低，至吸油口处吸进油液。转子继续旋转，腔内容积逐渐由大变小，腔内油液压力升高，旋转至出油口处输出高压油液。这种结构的叶片泵，转子每旋转一周，每个工作腔都各自吸、压油 2 次。

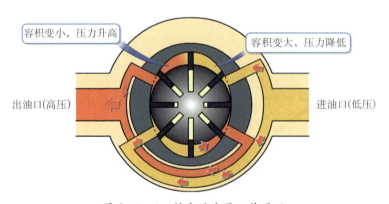

图 2-3-4 转向助力泵工作原理

（一）实施方案

1. 质量要求

参照厂家的质量标准要求。

2. 组织方式

每四位同学一组,以别克 2008 款凯越 1.6LE - AT 轿车为例,检查与更换其转向助力泵,按照企业岗位操作规范进行作业。

3. 作业准备

(1) 技术要求与标准。

① 紧固件紧固规格(表 2 - 3 - 1)。

表 2 - 3 - 1 紧固件紧固规格

应用	规格	应用	规格
转向助力泵螺栓	25 N·m	转向助力泵出油管接头	28 N·m

② 油液和润滑脂推荐(表 2 - 3 - 2)。

表 2 - 3 - 2 油液和润滑脂推荐

应用	油液/润滑脂
动力转向系统	使用 DEXRON - III(1.1 L)或上海通用汽车零件号 93740316(1.1 L)
密封条	硅基润滑脂

(2) 设备器材(图 2 - 3 - 5)。

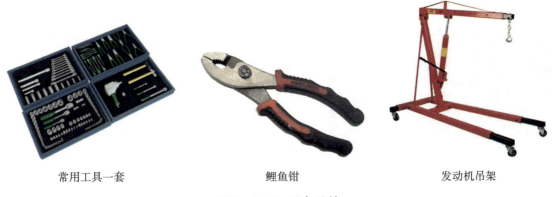

常用工具一套　　　　　　　鲤鱼钳　　　　　　　发动机吊架

图 2 - 3 - 5 设备器材

(3) 场地设施:理实一体化教室、废气排放装置、消防设施等。

(4) 设备设施:别克 2008 款凯越 1.6LE - AT 轿车一辆、工具车、标保工具车、零件车、垃圾桶。

(5) 安全防护:车轮挡块、室内三件套等。

(6) 耗材:干净抹布、泡沫清洗剂。

（二）操作步骤

1. 拆卸转向助力泵进、出油管

（1）断开转向助力泵进油管。

① 将接油小容器放到转向助力泵与空调压缩机之间，如图 2-3-6 所示。

图 2-3-6　放入接油小容器

② 按照维修手册规定，选用鲤鱼钳，如图 2-3-7 所示。

图 2-3-7　鲤鱼钳

③ 正确使用工具将进油管固定卡箍移至适当位置，如图 2-3-8 所示。

图 2-3-8　进油管固定卡箍

④ 拆下转向助力泵进油管，如图 2-3-9 所示。

图 2-3-9　拆下转向助力泵进油管

⑤ 放出残余油液后用油管塞子塞住进油管管口和转向助力泵进油口，如图 2-3-10 所示。

图 2-3-10　用油管塞子塞住进油管管口和转向助力泵进油口

(2) 断开转向助力泵出油管。

① 按照维修手册规定,选用 17 mm 油管专用扳手,如图 2-3-11 所示。

图 2-3-11　17 mm 油管专用扳手

② 正确使用工具拧松转向助力泵出油管固定螺母,如图 2-3-12 所示。

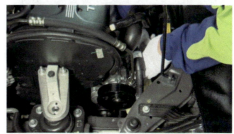

图 2-3-12　拧松出油管固定螺母

③ 旋出转向助力泵出油管固定螺母,断开转向助力泵出油管,如图 2-3-13 所示。

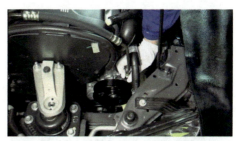

图 2-3-13　旋出油管固定螺母

④ 向左、向右打转向盘,放出残余油液,如图 2-3-14 所示。

图 2-3-14　向左、向右打转向盘

⑤ 用油管塞子塞住油泵出油管管口和转向助力泵出油口,如图 2-3-15 所示。

图 2-3-15　用油管塞子塞住出油管管口和转向助力泵出油口

2. 使用发动机吊架将发动机提高到适当位置

（1）安装发动机总成支座和发动机总成滑道支架，如图 2-3-16 所示。

图 2-3-16　安装发动机总成支座和滑道支架

（2）分别拧紧发动机滑道支架紧固螺栓，如图 2-3-17 所示。

图 2-3-17　拧紧滑道支架紧固螺栓

（3）使用铁链固定发动机，如图 2-3-18 所示。调整铁链张力，以保证发动机右侧支座能够顺利拆卸，并且拆卸后发动机不会晃动偏移。

（4）按下举升机上升按钮，举升车辆至车轮离开转角盘 20 cm 左右。

图 2-3-18　用铁链固定发动机

3. 拆卸转向助力泵

（1）拆下转向助力泵支座的两个固定螺母。

① 按照维修手册规定，选用 12 mm 套筒、短接杆、棘轮扳手，如图 2-3-19 所示。

图 2-3-19　套筒、短接杆和棘轮扳手

② 通过带轮上的孔，依次旋松转向助力泵两个固定螺栓，如图 2-3-20 所示。

图 2-3-20　拧松固定螺栓

（2）向外拉出转向助力泵，使其与双头螺柱分离，向上取出转向助力泵，如图2-3-21所示。

图2-3-21 取出转向助力泵

别克2008款凯越中的转向助力泵不可修，应更换而不是修理有故障的转向助力泵。

4. 检查新的转向助力泵

（1）确认新的转向助力泵零件号是否正确，如图2-3-22所示。

图2-3-22 新转向助力泵

检查新的转向助力泵

（2）检查转向助力泵的外观有无损伤，带轮转动是否卡滞，如图2-3-23所示。

图2-3-23 转向助力泵外观检查

5. 安装转向助力泵

（1）对准转向助力泵双头螺柱，轻轻推入转向助力泵，与拆卸方向相反，如图2-3-24所示。

图2-3-24 将转向助力泵安装至支座螺柱上

图 2-3-25　安装转向助力泵固定螺母

（2）安装转向助力泵固定螺母。

① 依次旋上转向助力泵两个固定螺母，如图 2-3-25 所示。

图 2-3-26　10 mm 长套筒和扭力扳手

② 按照维修手册规定，选用 10 mm 长套筒、扭力扳手，如图 2-3-26 所示。

图 2-3-27　调整扭力扳手的力矩

③ 根据维修手册规定，调整扭力扳手的力矩（参见"技术要求和标准"），如图 2-3-27 所示。

图 2-3-28　紧固转向助力泵的固定螺母

④ 以维修手册规定力矩依次紧固转向助力泵两个固定螺母，如图 2-3-28 所示。

6. 安装转向助力泵进、出油管

（1）取下转向助力泵出油管密封圈，如图 2-3-29 所示。

图 2-3-29　取下密封圈

(2)安装转向助力泵出油管密封圈。

① 检查新的密封圈零件号是否正确,检查密封圈有无损伤或变形,如图 2-3-30 所示。

图 2-3-30　检查新的密封圈

② 在新密封圈上涂少许新的转向助力油,如图 2-3-31 所示。

图 2-3-31　涂转向助力油

③ 将新密封圈安装在出油管接口处,如图 2-3-32所示。

图 2-3-32　安装密封圈

(3)安装转向助力泵出油管。

① 取下油管塞子,如图 2-3-33 所示。

图 2-3-33　取下油管塞子

② 对准转向助力泵上的出油口,安装出油管,如图 2-3-34 所示。

图 2-3-34　安装出油管

图 2-3-35　紧固出油管接头固定螺栓

③ 按照维修手册规定选用正确工具,紧固出油管路接头固定螺栓(紧固力矩参见"技术要求和标准"),如图 2-3-35 所示。

安装油管接头时如有滴漏,应及时清洁。

图 2-3-36　检查进油管

(4) 安装转向助力泵进油管。

① 检查进油管是否有老化现象,如图 2-3-36 所示。

图 2-3-37　取下油管塞子

② 取下油管塞子,如图 2-3-37 所示。

图 2-3-38　鲤鱼钳

③ 按照维修手册规定选用鲤鱼钳,如图 2-3-38 所示。

④ 使用鲤鱼钳将锁紧卡箍移至原抱箍位置锁紧,如图 2-3-39 所示。

7. 加注转向助力油

参见本项目学习任务 2 中的加注转向助力油内容。

8. 竣工检查

运行车辆,验证转向助力泵故障是否消除,并进行车辆最终检查,清洁、整理工量具,清洁、整理场地。

图 2-3-39 锁紧进油管卡箍

 任务小结

（一）液压助力转向系统组成

助力转向系统是一套兼用驾驶员体力和发动机动力为转向能源的转向系统。在正常情况下,汽车转向所需的能量只有小部分由驾驶员提供,而大部分能量由发动机通过转向助力装置提供。助力转向系统分电动助力转向系统和液压助力转向系统。

（二）转向助力泵功用

转向助力泵是液压转向助力装置的供能装置,其作用是将输入的机械能转换为液压能输出。

（三）转向助力泵组成

转向助力泵的结构形式有齿轮泵、叶片泵、转子泵。以叶片泵为例,其结构主要由壳体、定子、转子、叶片、驱动轴、带轮、配油盘及进出油口等组成。

（四）转向助力泵工作原理

当转子旋转时,叶片在离心力及高压液体的作用下紧贴在定子的内表面,叶片之间形成一个空腔。随着转子的旋转,空腔的工作容积由小变大,腔内压力逐渐变低,至吸油口处吸进油液。转子继续旋转,腔内容积逐渐由大变小,腔内油液压力升高,旋转至出油口处输出高压油液。这种结构的转子泵,转子每旋转一周,每个工作腔都各自吸、压油 2 次。

（五）更换转向助力泵流程

（1）拆卸转向助力泵进、出油管。
（2）使用发动机吊架将发动机提高到适当位置。
（3）拆卸转向助力泵。
（4）检查新的转向助力泵。
（5）安装转向助力泵。
（6）安装转向助力泵进、出油管。

(7) 加注转向助力油。
(8) 竣工检查。

（一）课堂练习

1. 判断题

（1）转向助力泵都是以发动机为动力，其作用是将发动机输入的机械能转换为液压能输出，为转向助力油缸提供液压助力。（　　）

（2）更换转向助力泵出油管密封圈时，需在新密封圈上涂少量新的转向助力油。（　　）

2. 单选题

使用扭力扳手紧固转向助力泵两个固定螺栓时，需要调整至（　　）力矩。

A. 10 N·m　　　　B. 15 N·m　　　　C. 20 N·m　　　　D. 25 N·m

（二）技能评价（表2-3-3）

表2-3-3　技能评价表

序号	内　容	分值	得分
1	拆卸转向助力泵进、出油管	15	
2	使用发动机吊架将发动机提高到适当位置	10	
3	拆卸转向助力泵	15	
4	检查新的转向助力泵	10	
5	安装转向助力泵	15	
6	安装转向助力泵进、出油管	15	
7	加注转向助力油	10	
8	竣工检查	10	
	总分	100	

（注：操作正确即得分，操作错误或未进行操作即0分）

学习任务 4　检查与更换转向器

任务目标

◎ 了解转向器的功用和类型。
◎ 熟知齿轮齿条式转向器的结构及工作原理。
◎ 依据厂商规定的技术标准及规范操作要求,完成转向器的检查与更换作业。

学习重点

◎ 转向器的检查与更换作业。

知识准备

（一）转向器功用

转向器是转向系统的降速增矩传动装置,其功用是增大由转向盘传到转向节的力,并改变力的传动方向,如图 2-4-1 所示。

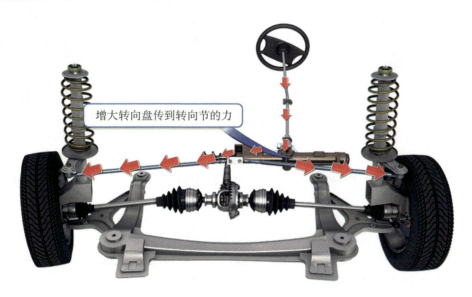

增大转向盘传到转向节的力

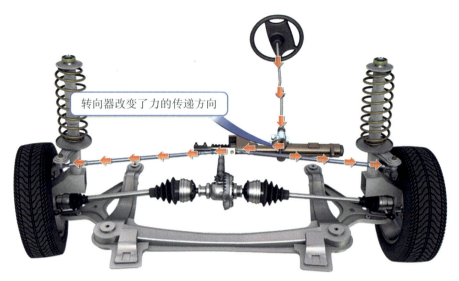

图 2-4-1 转向器功用

（二）转向器类型

转向器根据传动副的结构形式不同分为循环球式、齿轮齿条式、蜗杆曲柄指销式等。齿轮齿条式转向器结构简单、紧凑，重量轻，刚性大，转向灵敏，在轿车和微型、轻型货车上应用较广泛。本任务主要以齿轮齿条式转向器为例，对其实施检查与更换。

转向器类型

齿轮齿条式转向器

循环球式转向器

蜗杆曲柄指销式转向器

图 2-4-2 转向器类型

（三）齿轮齿条式转向器结构及工作原理

齿轮齿条转向器主要由齿条、斜齿轮、转向器壳体、齿条导向套、齿条调整螺母、防尘套等组成，如图 2-4-3 所示。

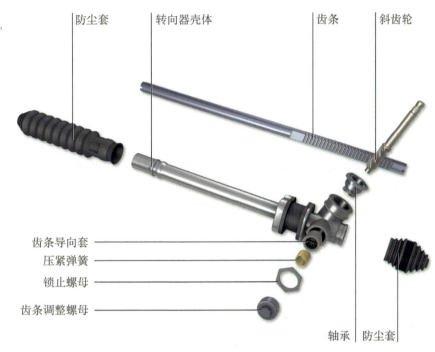

图 2-4-3 齿轮齿条式转向器结构

齿轮齿条式转向器采用一级传动副,主动件是齿轮,从动件是齿条,利用齿轮顺时针或逆时针方向的转动带动齿条左右移动,再通过横拉杆推动转向节,达到转向的目的,如图 2-4-4 所示。齿轮齿条式转向器的动力输出方式分两端输出式和中间输出式。

图 2-4-4 齿轮齿条式转向器工作原理

 任务实施

（一）实施方案

1. 质量要求

参照厂家的质量标准要求。

2. 组织方式

每四位同学一组，以别克2008款凯越1.6LE-AT轿车为例，检查与更换其转向器，按照企业岗位操作规范进行作业。

3. 作业准备

（1）技术要求与标准。

① 紧固件紧固规格（表2-4-1）。

表2-4-1 紧固件紧固规格

应用	规格	应用	规格
调节器塞锁止螺母	75 N·m	球笼侧安装螺栓	65 N·m
小齿轮锁止螺母	30 N·m	球笼上安装螺母	65 N·m
转向器安装架螺栓和螺母	60 N·m	左变速驱动桥安装螺栓	48 N·m
回油管卡夹螺栓	8 N·m	外转向横拉杆螺母	(52±17) N·m
变速驱动桥中心托架至变速驱动桥螺栓	80 N·m	下中间轴夹紧螺栓	25 N·m
变速驱动桥中心托架至发动机螺栓	80 N·m	转向器进口和出口管接头	28 N·m
球笼上安装螺栓	110 N·m		

② 油液和润滑脂推荐（表2-4-2）。

表2-4-2 油液和润滑脂推荐

应用	油液/润滑脂
动力转向系统	使用DEXRON-III(1.1 L)或上海通用汽车零件号93740316(1.1 L)
密封条	硅基润滑脂

(2) 设备器材。

(3) 场地设施：理实一体化教室、废气排放装置、消防设施等。

(4) 设备设施：别克 2008 款凯越 1.6LE‐AT 轿车一辆、举升机、工具车、零件车、标保工具车、垃圾桶等。

(5) 专用工具：KM‐507‐C 球节拆卸工具、J42459 齿条导向弹簧帽扳手。

(6) 安全防护：车轮挡块、室内三件套等。

(7) 耗材：染色剂、干净抹布、泡沫清洗剂。

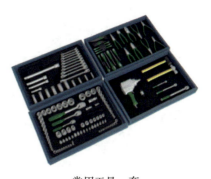

常用工具一套

图 2‐4‐5　设备器材

（二）操作步骤

1. 拆卸齿轮齿条式转向器总成

(1) 断开蓄电池负极电缆。

> **注意事项**
>
> 有关蓄电池断开的告诫：除非操作程序中另有说明，在维修任何电气零部件前，点火钥匙必须处于"OFF（关闭）"或"LOCK（锁定）"位置，所有电气负载必须为"OFF（关闭）"。如果工具或设备容易接触带电的裸露电气端子，还要断开蓄电池负极电缆。违反这些注意事项，会导致人身伤害和车辆或零部件损坏。

(2) 适当支撑起车辆。

(3) 拆卸车轮。

(4) 断开动力转向器油液出口管。将接油盘放在转向器下，接收动力转向油液。

(5) 断开动力转向器油液进口管，如图 2‐4‐6 所示。

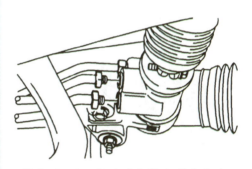

图 2‐4‐6　断开动力转向器油液进、出口管

> **注意事项**
>
> 只能用火花塞护套专用拆卸工具拆卸火花塞护套，撬开或者用常规钳子会损坏护套。

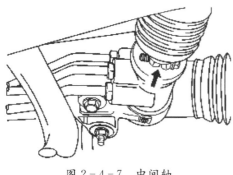

图 2-4-7 中间轴

(6) 转动转向盘直到转向盘辐条处于垂直位置并指向左侧,使动力转向器置于正前位置。

(7) 对准中间轴下联轴节上的标记,在枢轴壳体上刻印一个标记,如图 2-4-7 所示。

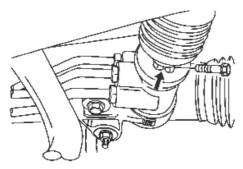

图 2-4-8 拆卸中间轴夹紧螺栓

(8) 拆卸中间轴夹紧螺栓,如图 2-4-8 所示。

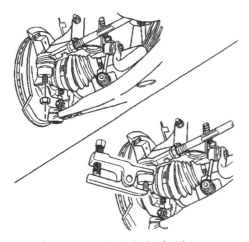

图 2-4-9 断开转向横拉杆两端

(9) 拆卸外转向横拉杆螺母,并用 KM-507-C 球节拆卸工具从转向节上断开转向横拉杆两端,如图 2-4-9 所示。

(10) 拆卸横梁总成。

(11) 如车辆装备了自动变速驱动桥,则需拆卸变速驱动桥中心托架。

(12) 如车辆装备了手动变速驱动桥,则需拆卸变速驱动桥中心托架至变速驱动桥和发动机的固定螺栓。之后移开变速驱动桥中心托架。

(13) 从转向器安装架上拆卸螺母和螺栓,如图 2-4-10 所示。

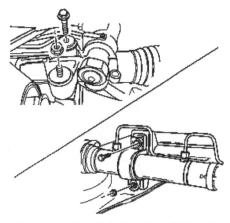

图 2-4-10 拆卸转向器安装架上的螺母和螺栓

(14) 从横梁上的卡夹中拆卸回油管,如图 2-4-11 所示。

(15) 从横梁上拆卸齿轮齿条式总成。

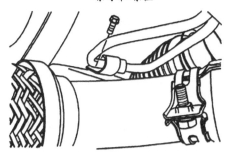

图 2-4-11 拆卸回油管

2. 齿轮齿条式转向器预紧轴承的更换

(1) 拆卸预紧轴承。

① 用 J42459 齿条导向弹簧帽扳手或 19 mm 内六角扳手,从调节器塞上拆卸调节器塞锁止螺母,再从壳体上拆卸调节器塞,如图 2-4-12 所示。

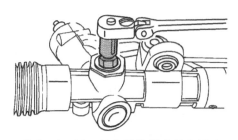

图 2-4-12 拆卸调节器塞锁止螺母

② 拆卸调节器弹簧和齿条轴承,如图 2-4-13 所示。

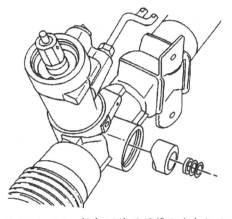

图 2-4-13 拆卸调节器弹簧和齿条轴承

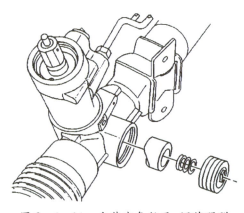

图 2-4-14 安装齿条轴承、调节器弹簧和调节器塞

(2) 安装预紧轴承。

① 为齿条轴承、调节器弹簧和调节器塞涂上锂基润滑脂,并将其装入壳体,如图 2-4-14 所示。

图 2-4-15 紧固调节器塞锁止螺母

② 将齿条居中,顺时针转动调节器塞至 7 N·m 力矩,然后回退 30°—40°。检查小齿轮力矩。最大小齿轮预紧力矩为 1 N·m。

③ 将锁止螺母拧上调节器塞并紧固。用 J42459 齿条导向弹簧帽扳手或 19 mm 内六角扳手握住调节器塞的同时,紧固调节器塞锁止螺母至 75 N·m,如图 2-4-15 所示。

请在正确的位置使用正确的紧固件。替换紧固件的零部件号必须正确。维修程序说明了需要更换的紧固件或需要用螺纹锁止胶或密封剂的紧固件。除非另有说明,不得在紧固件或紧固件接头表面使用油漆、润滑油或防蚀剂。这些涂剂会影响紧固件力矩和接头夹紧力并损坏紧固件。安装紧固件时,务必使用正确的紧固顺序和紧固规格,以避免损坏零部件和系统。

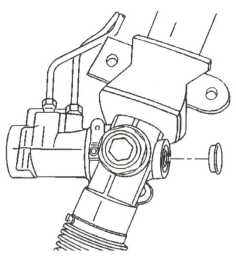

图 2-4-16 拆卸防尘罩

3. 转向器轴密封和轴承更换(车外进行)

(1) 拆卸轴密封和轴承。

① 从壳体下端拆卸防尘罩,如图 2-4-16 所示。

② 在握住枢轴的同时，从齿轮上拆卸锁止螺母，如图2-4-17所示。

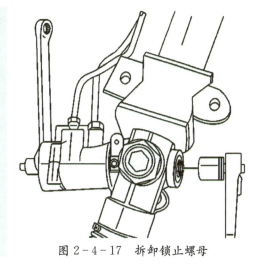

图2-4-17 拆卸锁止螺母

 注意事项

如果没有握住枢轴，会损坏小齿轮轮齿。

③ 使齿轮对中，在壳体上标记枢轴缺口的位置，以便重新安装小齿轮和阀总成。

④ 拆卸上壳体固定环，并用手扳压力机压小齿轮螺纹端，直到能够从壳体上拆卸小齿轮和阀总成，如图2-4-18所示。

⑤ 从壳体上拆卸枢轴尘封、枢轴轴承圈总成和阀总成。将枢轴尘封报废（枢轴尘封为一次性消耗品，拆下后需更换新件）。

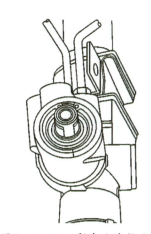

图2-4-18 拆卸小齿轮和阀总成

⑥ 拆卸下阀总成轴承和衬套，如图2-4-19所示。

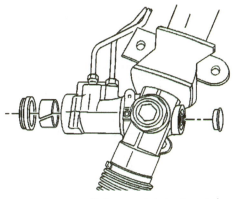

图2-4-19 拆卸下阀总成轴承和衬套

⑦ 拆卸下轴承总成固定环，并从壳体下端压出下轴承总成，如图 2-4-20 所示。

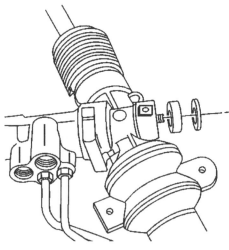

图 2-4-20 拆卸下轴承总成固定环

（2）安装轴密封和轴承。

① 安装下轴承总成，并将下轴承总成固定环装入壳体下端，如图 2-4-21 所示。

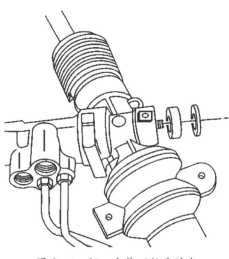

图 2-4-21 安装下轴承总成

② 安装下阀总成轴承和衬套，如图 2-4-22 所示。

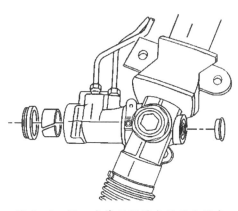

图 2-4-22 安装下阀总成轴承和衬套

③ 使齿条置于壳体中心。

④ 将阀总成、枢轴轴承圈总成和新枢轴尘封装入壳体,如图 2-4-23 所示。

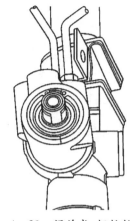

图 2-4-23　阀总成、枢轴轴承圈总成和新枢轴尘封安装完成

⑤ 在握住枢轴的同时,将锁止螺母安装到小齿轮轴上,如图 2-4-24 所示。(紧固小齿轮锁止螺母至 30 N·m)

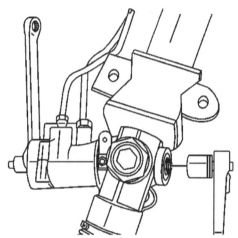

图 2-4-24　安装锁止螺母

⑥ 将防尘罩装回壳体,如图 2-4-25 所示。

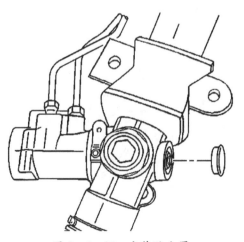

图 2-4-25　安装防尘罩

4. 安装齿轮齿条式转向器

（1）将齿轮齿条式转向器总成安装到横梁上并将横梁用托架托起升至其安装位置处。转向器必须在正前位置，且转向盘辐条处于垂直位置并指向左侧。对准轴上的标记，确保正确定位。将枢轴置于中间轴上，如图 2-4-26 所示。

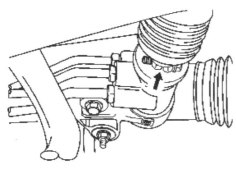

图 2-4-26 中间轴

（2）将螺栓和螺母安装到转向器安装架上，如图 2-4-27 所示。（紧固转向器安装架螺栓和螺母至 60 N·m）

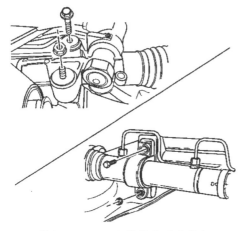

图 2-4-27 安装转向器安装架

（3）将回油管装入横梁卡夹中，如图 2-4-28 所示。（紧固回油管卡夹螺栓至 8 N·m）

（4）在装备手动变速驱动桥的车辆上，将变速驱动桥中心托架就位，并安装将托架固定到发动机和变速驱动桥的螺栓。（紧固变速驱动桥中心托架至变速驱动桥螺栓及变速驱动桥中心托架至发动机螺栓至 80 N·m）

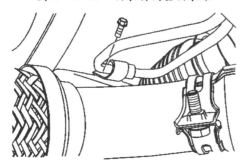

图 2-4-28 将回油管装入横梁卡夹中

（5）如果装备了自动变速驱动桥，安装变速驱动桥中心托架。（紧固球笼上安装螺栓至 110 N·m，紧固球笼侧安装螺栓至 65 N·m，紧固球笼上安装螺母至 65 N·m，紧固左变速驱动桥安装螺栓至 48 N·m）

（6）安装横梁。

（7）将转向横拉杆两端连接到转向节上。

（8）安装外转向横拉杆螺母，如图 2-4-29 所示。（紧固外转向横拉杆螺母至(52±17)N·m）

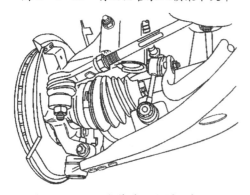

图 2-4-29 安装外转向横拉杆螺母

(9) 安装下中间轴夹紧螺栓,如图 2-4-30 所示。(紧固下中间轴夹紧螺栓至 25 N·m)

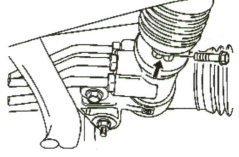

图 2-4-30 安装下中间轴夹紧螺栓

(10) 连接动力转向器油液进口和出口管,如图 2-4-31 所示。(紧固转向器进口和出口管接头至 28 N·m)

(11) 调整前束。参见项目任务四轮定位。

(12) 安装车轮。

(13) 将车辆放下。

(14) 执行正前位置检查。

(15) 重新加注转向助力油并检查是否有泄漏。如果发现泄漏,应立刻排除故障原因并排空系统。

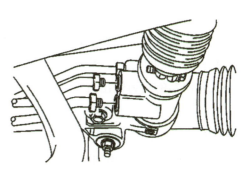

图 2-4-31 连接转向器油液进口和出口

添加或完全更换油液时,请务必用符合规格的转向助力油,参见"技术要求与标准中油液/润滑脂推荐"。不适当的转向助力油会引起动力转向软管和密封损坏,油液泄漏和泵的故障。

(16) 连接蓄电池负极电缆。

5. 齿轮齿条式转向器预紧轴承的调整

(1) 在转向器上完成所有必要的操作(拆卸和安装、拆解和装配)后,检查每种情况下转向系统的确切正前位置。

(2) 将车停在地板上,将转向盘转到正前位置,在地板上标记两只轮胎中心线。向右将转向盘转到底,在地板上标记两个轮胎的新中心线,如图 2-4-32 所示。(规格:外包角 α=31°,内包角 β=37.5°)

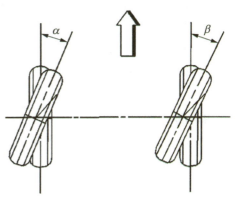

图 2-4-32 外包角和内包角

任务小结

（一）转向器的功用

转向器是转向系统的降速增矩传动装置，其功用是增大由转向盘传到转向节的力，并改变力的传动方向

（二）转向器的类型

转向器根据传动副的结构形式不同分为循环球式、齿轮齿条式、蜗杆曲柄指销式等。

（三）齿轮齿条式转向器

齿轮齿条式转向器采用一级传动副，主动件是齿轮，从动件是齿条，利用齿轮顺时针或逆时针方向的转动带动齿条左右移动，再通过横拉杆推动转向节，达到转向的目的。齿轮齿条式转向器的动力输出方式分两端输出式和中间输出式。

（四）检查与更换转向器的步骤

（1）拆卸转向器总成。
（2）更换转向器轴承。
（3）更换转向器轴密封和轴承。
（4）安装转向器。
（5）调整转向器预紧轴承。

任务评价

（一）课堂练习

1. 判断题

（1）拆卸小齿轮锁止螺母的同时需握住枢轴。（　　）
（2）转向器是转向系统的增速增矩传动装置，其功用是增大由转向盘传到转向节的力，并改变力的传动方向。（　　）
（3）齿轮齿条式转向器的主动件是齿条，从动件是齿轮。（　　）

2. 单选题

（1）安装转向器预紧轴承时，将齿条居中，需顺时针转动调节器塞至（　　）力矩，然后回退 30°—40°。
　　A. 11 N·m　　　　　　　　　　B. 9 N·m
　　C. 7 N·m　　　　　　　　　　D. 5 N·m
（2）别克 2008 款凯越齿轮齿条式转向器小齿轮的最大预紧力矩为（　　）。
　　A. 1 N·m　　　B. 2 N·m　　　C. 3 N·m　　　D. 5 N·m

（二）技能评价（表 2-4-3）

表 2-4-3 技能评价表

序号	内　　容	分值	得分
1	拆卸齿轮齿条式转向器	20	
2	齿轮齿条转向器预紧轴承的更换	20	
3	转向器轴密封盒轴承更换（车外进行）	20	
4	安装齿轮齿条式转向器	20	
5	齿轮齿条式转向器预紧轴承的调整	20	
	总分	100	

（注：操作正确即得分，操作错误或未进行操作即 0 分）

学习拓展

（一）电动助力转向系统结构

目前，一些中高档轿车大都采用了电动助力转向系统，让我们了解一下其基本结构组成和工作原理。

电动助力转向系统是一种直接依靠电动机提供辅助力矩的动力转向系统，与传统的液压助力转向系统相比具有很多优点。电动助力转向系统主要由转向柱、力矩传感器、轮速传感器、电动机、减速机构、传动轴、机械转向器和电子控制单元（ECU）等组成，如图 2-5-1 所示。

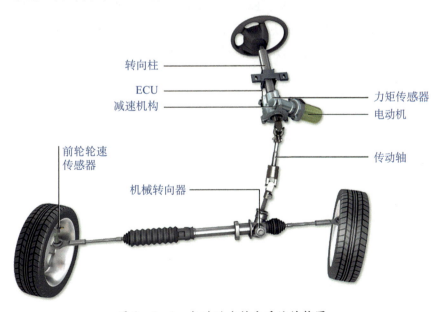

图 2-5-1 电动助力转向系统结构图

（二）电动助力转向系统工作原理

电动助力转向系统工作原理如图 2-5-2 所示。

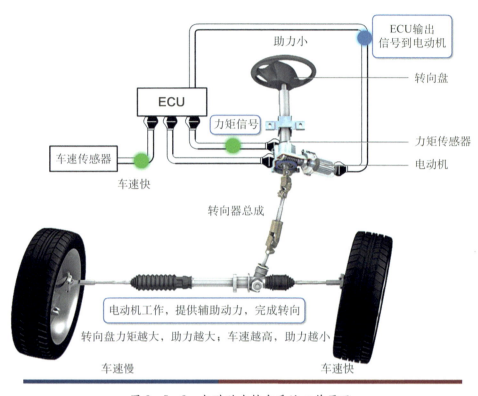

图 2-5-2　电动助力转向系统工作原理

力矩传感器测出驾驶员施加在转向盘上的操纵力矩，车速传感器测出车辆当前的行驶速度，然后将这两个信号传递给 ECU。ECU 根据内置的控制策略，计算出理想的目标助力力矩，转化为电流指令给电动机。然后，电动机产生的助力力矩经减速机构放大，作用在机械式转向系统上，和驾驶员的操纵力矩一起克服转向阻力矩，实现车辆的转向。

项目三 制动系统检修

项目导入

汽车制动系统是指为了在技术上保证汽车的安全行驶、提高汽车的平均速度等原因而在汽车上安装的制动机构。

本项目主要是对制动系统主要部件的检修作业,使学生深入认识制动系统的组成结构及工作原理,进一步掌握制动系统检修的基本方法。

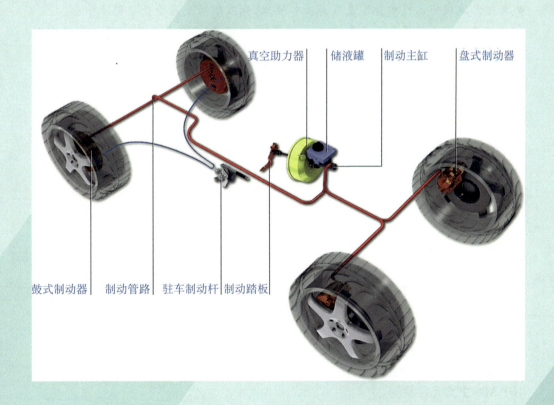

学习目标

素养目标
- 了解安全操作要求,养成安全文明操作的习惯。
- 养成组员之间互相协作的习惯。
- 实训操作结束后清洁工具,并将工具设备归位,之后清洁场地。

技能目标
- 依据厂商规定的技术标准及规范操作要求,完成制动踏板行程/驻车制动装置的检查与调整作业。
- 依据厂商规定的技术标准及规范操作要求,完成盘式制动器/鼓式制动器的检查与更换作业。
- 依据厂商规定的技术标准及规范操作要求,完成制动液的检查与更换作业。
- 依据厂商规定的技术标准及规范操作要求,完成 ABS 各个元件检测与系统故障诊断。

知识目标
- 熟知制动踏板行程的概念。
- 了解制动器类型,并熟知不同制动器的工作原理及特点。

学习任务

(1) 检查与调整制动踏板行程。
(2) 检查与调整驻车制动装置。
(3) 检查与更换盘式制动器。
(4) 检查与更换鼓式制动器。
(5) 检查与更换制动液。
(6) ABS 主要元件检测。
(7) ABS 常见故障诊断。

学习任务 1　检查与调整制动踏板行程

任务目标

- 熟知制动踏板的结构。
- 熟知制动踏板行程的概念。
- 依据厂商规定的技术标准及规范操作要求,完成制动踏板行程的检查与调整作业。

学习重点

- 制动踏板行程的检查与调整作业。

知识准备

(一) 制动踏板结构

制动踏板就是限制动力的踏板,即行车制动器(脚刹)的踏板。制动踏板主要由制动踏板分总成、制动踏板回位弹簧、制动踏板支架分总成等几部分组成,主要用于驾驶员控制行驶中的汽车减速甚至停车,如图 3-1-1 所示。

(二) 制动踏板行程

制动踏板总行程是指制动踏板从初始位置上部运动到最下部的距离;制动踏板自由行程是指踏板踩下时,推杆接触到主缸活塞的过程中踏板移动的距离,是制动主缸推杆与主缸活塞之间的间隙在踏板上的反映(卡罗拉轿车的自由行程在 1.0—6.0 mm 之间);制动踏板的工作行程=制动踏板总行程-制动踏板的自由行程。图 3-1-2 所示为制动踏板行程。

踩下制动踏板时,制动主缸即将制动液经制动管路压入前、后制动轮缸,将制动蹄推向制动鼓。在制动器间隙消失之前,管路中的液压不可能很高,仅足以平衡制动蹄回位弹簧的张力以及油液在管路中的流动阻力。在制动器间隙消失并开始产生制动力矩时,液压力与踏板力开始增长,直至车轮完全制动。从开始制动到完全制动的过程中,由于存在液压作用下制动管路的弹性膨胀变形和摩擦元件的弹性压缩变形,踏板和轮缸活塞都可以继续移动一段距离。图 3-1-3 所示为踩下制动踏板液压系统图。

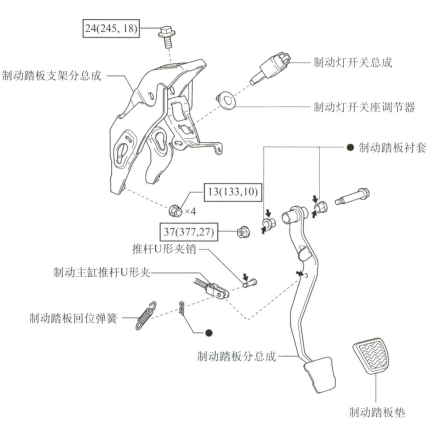

图 3-1-1 制动踏板结构

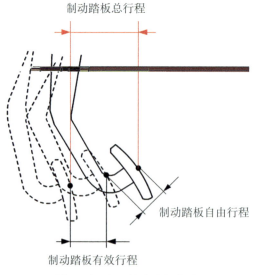

图 3-1-2 制动踏板行程

项目三 制动系统检修 135

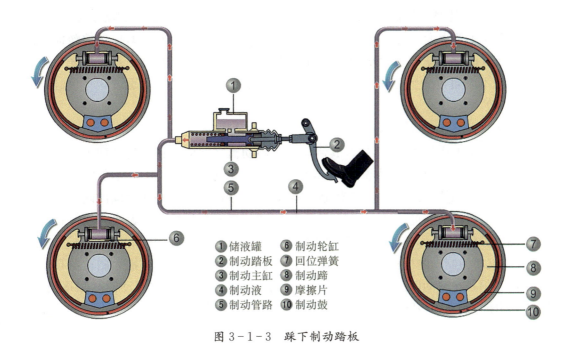

图 3-1-3 踩下制动踏板

释放制动踏板后,制动蹄和轮缸活塞在回位弹簧作用下回位,将制动液压回主缸。图 3-1-4 所示为释放制动踏板液压系统图。

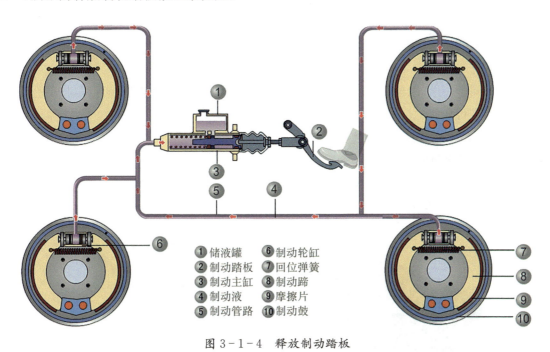

图 3-1-4 释放制动踏板

制动踏板到轮缸活塞的制动系统传动比等于踏板机构杠杆比乘以轮缸直径同主缸直径之比。传动比越大,则为获得同样大的制动力矩所需的踏板力越小,但踏板行程却因此而变大,使得制动操作不便。因此,液压制动系统的传动比要合适,既要保证制动踏板力较小,同时踏板行程又不要太大。对于人力液压制动系统,考虑到制动器允许磨损量的踏板全行程不应超过 150 mm(轿车)—180 mm(货车);制动器间隙调整正常时,踩下踏板到完全制动踏板工作行程不应超过全行程的 50%—60%;最大踏板力一般不应该超过 350 N(轿车)—550 N(货车)。

(三) 盘式制动器间隙

制动盘在不工作的原始位置时,其制动块与制动盘之间应保持合适的间隙。其设定值由汽车制造厂规定,不允许人为调整,一般在 0.25—0.5 mm 之间。造成制动踏板低的原因,除了踏板机构的调整原因外,还与车轮制动器有关,即制动盘与制动块之间的间隙直接影响制动踏板有效行程的高度。这个间隙越大,则制动踏板的有效行程就偏小。任何制动器摩擦副中的间隙(以下简称制动器间隙)如果过小,就不易保证能彻底解除制动,造成摩擦副的拖磨;过大又将使制动踏板行程太长,以致驾驶员操作不便,同时也会推迟制动器开始起作用的时间。但是在制动器工作过程中,制动块的不断磨损必将导致制动器间隙逐渐增大。严重时,即使将制动踏板踩到极限位置,也产生不了足够的制动力矩。

任务实施

(一) 实施方案

1. 质量要求
参照厂家的质量标准要求。

2. 组织方式
每四位同学一组,以丰田 2007 款卡罗拉为例,检查与调整其制动踏板行程,按照企业岗位操作规范进行作业。

3. 作业准备
(1) 技术要求与标准。
丰田 2007 款卡罗拉制动踏板的自由行程为 1.0—6.0 mm。
(2) 设备器材(图 3-1-5)。

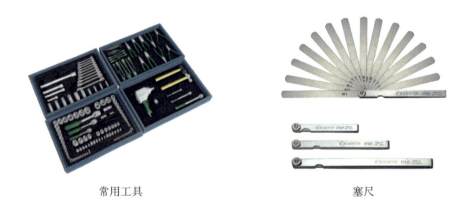

常用工具　　　　　　　　塞尺

| 钢直尺 | 鲤鱼钳 |

图 3-1-5　设备器材

(3) 场地设施：理实一体化教室、废气排放装置、消防设施等。

(4) 设备设施：丰田 2007 款卡罗拉轿车一辆、工具车、标保工具车、零件车、垃圾桶。

(5) 安全防护：车轮挡块、室内三件套等。

(6) 耗材：干净抹布、泡沫清洗剂。

（二）操作步骤

1. 测量制动踏板高度

（1）翻起地毯，如图 3-1-6 所示。

图 3-1-6　翻起地毯

检查与调整制动踏板行程

（2）按照维修手册规定，选用钢直尺。将钢直尺沿制动踏板一侧弧顶中心向下移至与制动底板完全抵靠，读出并记录踏板高度值，如图 3-1-7 所示。（标准踏板高度为 145.8—155.8 mm）

图 3-1-7　测量制动踏板高度

制动踏板高度是指制动底板到制动踏板弧顶中心的垂直距离，不包含地毯和其他填充物的厚度。

2. 调整制动踏板高度

（1）拆卸制动灯开关。

① 按压制动灯开关连接器的锁扣，拔出制动灯开关连接器，如图 3-1-8 所示。

图 3-1-8　拔出制动灯开关连接器

② 逆时针转动制动灯开关总成，将其拆下，如图 3-1-9 所示。

图 3-1-9　拆下制动灯开关总成

（2）按照维修手册规定，选用 14 mm 开口扳手，松开推杆锁紧螺母，如图 3-1-10 所示。

图 3-1-10　松开推杆锁紧螺母

（3）按照维修手册规定，选用鲤鱼钳，转动推杆以调整制动踏板高度，如图 3-1-11 所示。

图 3-1-11　调整推杆长度

使用鲤鱼钳时不能夹持推杆的螺纹部分。

(4)将钢直尺沿制动踏板一侧弧顶中心向下移至与制动底板完全抵靠,读出并记录踏板高度值,如图3-1-12所示。

图 3-1-12　测量踏板高度

(5)按照维修手册规定,选用 14 mm 开口扳手,拧紧推杆锁紧螺母,如图 3-1-13 所示。

图 3-1-13　拧紧推杆锁紧螺母

(6)安装制动灯开关。

① 先从后面支撑制动踏板,将制动灯开关总成插入支撑座,直到推杆触及缓冲垫,顺时针转动四分之一圈,使制动灯开关总成锁止,如图 3-1-14 所示。

图 3-1-14　锁止制动开关总成

② 连接制动灯开关连接器,连接时应能听到锁扣到位的"咔嗒"声,如图 3-1-15 所示。

图 3-1-15　连接制动灯开关连接器

③ 按照维修手册规定,选用塞尺,检查推杆的凸出部分与缓冲垫之间的距离是否为 1.5—2.5 mm,如图 3-1-16 所示。如不在此范围内则应重新安装、调整制动灯开关总成至合适位置。

图 3-1-16　检查推杆凸出部分与缓冲垫之间距离

> **注意事项**
> 检查推杆凸出部分与缓冲垫之间间隙的过程中,不要踩下制动踏板。

图 3-1-17 点火开关

3. 测量制动踏板自由行程

(1) 确认点火开关处于关闭位置,如图 3-1-17 所示。

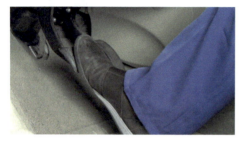

图 3-1-18 踩下制动踏板

(2) 多次踩下制动踏板直至制动助力器内无空气,如图 3-1-18 所示。

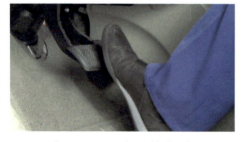

图 3-1-19 松开制动踏板

(3) 松开制动踏板,如图 3-1-19 所示。

> **注意事项**
> 制动踏板至少踩三次。

图 3-1-20 按下制动踏板

(4) 将钢直尺沿制动踏板一侧弧顶中心,向下移至与制动底板完全抵靠,用大拇指按下制动踏板直至感到轻微的阻力,读出并记录此时的制动踏板高度值,如图 3-1-20 所示。

（5）松开大拇指，记录此时制动踏板高度值，两者的差值为制动踏板自由行程值，如图3-1-21所示。（标准制动踏板自由行程为1.0—6.0 mm）

图3-1-21　观察制动踏板高度

（6）如果测量结果不符合要求，则应调整制动灯开关推杆的凸出部分与缓冲垫之间的间隙，如图3-1-22所示。

图3-1-22　检查推杆凸出部分与缓冲垫之间间隙

4. 检查制动踏板行程余量

（1）检查变速杆是否处于P位或N位。
（2）检查驻车制动杆是否拉紧。
（3）起动发动机，保持怠速运转。
（4）松开驻车制动杆，观察仪表板上的驻车制动指示灯是否熄灭，如图3-1-23所示。

图3-1-23　驻车制动指示灯

（5）将钢直尺沿制动踏板一侧弧顶中心，向下移至与制动底板完全抵靠，以294 N的力踩下制动踏板并保持不变，读出并记录踏板高度值，如图3-1-24所示。此值称为自制动底板至制动踏板行程余量，标准值为85 mm，如行程余量不符合规定，则对制动系统进行检查与调整。

图3-1-24　检查制动踏板行程余量

（6）拉上驻车制动杆，关闭点火开关，如图3-1-25所示。

5. 竣工检查

完成以上操作后，检查制动踏板高度，并进行制动效果检验。

图3-1-25　关闭点火开关

（一）制动踏板的组成

制动踏板就是限制动力的踏板，即行车制动器（脚刹）的踏板。制动踏板主要由制动踏板分总成、制动踏板回位弹簧、制动踏板支架分总成等几部分组成，主要用于减速停车。

（二）制动踏板的工作原理

踩下制动踏板时，制动主缸即将制动液经制动管路压入前、后制动轮缸，将制动蹄推向制动鼓。在制动器间隙消失之前，管路中的液压不可能很高，仅足以平衡制动蹄回位弹簧的张力以及油液在管路中的流动阻力。在制动器间隙消失并开始产生制动力矩时，液压力与踏板力开始增长，制动完全制动。制动器间隙也会直接影响制动踏板有效行程。

（三）检查与调整制动踏板行程

（1）测量制动踏板高度。
（2）调整制动踏板高度。
（3）测量制动踏板自由行程。
（4）检查制动踏板行程余量。
（5）竣工检查。

（一）课堂练习

1. 判断题

（1）制动盘与制动块之间的间隙越大，则制动踏板的有效行程就偏大。（   ）
（2）使用鲤鱼钳调整推杆长度时，可以夹持推杆的螺纹部分。（   ）
（3）制动踏板高度是指制动底板到制动踏板弧顶中心的垂直距离。（   ）

2. 单选题

（1）测量制动踏板行程余量时，需以（   ）的力踩下制动踏板。
　　A. 292 N　　　　　　　　　　B. 294 N
　　C. 296 N　　　　　　　　　　D. 298 N
（2）推杆的凸出部分与缓冲垫之间的标准距离为（   ）。
　　A. 1.0—2.5 mm
　　B. 0.5—2.5 mm
　　C. 1.0—3.5 mm
　　D. 1.5—2.5 mm

(二) 技能评价(表 3-1-1)

表 3-1-1 技能评价表

序号	内　　容	分值	得分
1	测量制动踏板高度	20	
2	调整制动踏板高度	20	
3	测量制动踏板自由行程	20	
4	检查制动踏板行程余量	20	
5	竣工检查	20	
	总分	100	

(注：操作规范即得分，操作错误或未进行操作即 0 分)

学习任务 2　检查与调整驻车制动装置

- 熟知驻车制动装置功用。
- 熟知车轮驻车制动系统的组成及工作原理。
- 依据厂商规定的技术标准及规范操作要求,完成驻车制动装置的检查与调整作业。

- 驻车制动装置的检查与调整作业。

（一）驻车制动装置功用

驻车制动装置是机械式的控制装置和传动装置。驻车制动系统必须保证汽车可靠地停驻在原地,在任何情况下不致自动滑行,而这一点只有用机械锁止方法才能实现,这就是驻车制动系统采用机械式传动装置的主要原因。驻车制动装置主要由驻车制动杆、制动拉索及后轮制动器中的驻车制动器等组成。驻车制动装置主要作用于后轮,其主要功用如下：

(1) 车辆停驶后防止滑溜。
(2) 使车辆在坡道上能顺利起步。
(3) 行车制动系统失效后临时使用或配合行车制动器进行紧急制动。

（二）驻车制动装置类型

驻车制动器按在汽车上安装位置的不同,分为中央制动器和车轮制动器两种。中央驻车制动系统使用中央制动器,车轮驻车制动系统使用车轮制动器,如图 3-2-1 所示。旋转元件固装在车轮或半轴上,即制动力矩分别直接作用于两侧车轮上的制动器,称为车轮制动器;旋转元件固装在传动系统的传动轴上,其制动力矩需经过驱动桥再分配到两侧车轮上的制动器,称为中央制动器。车轮制动器一般用于行车制动,如:丰田卡罗拉汽车使用的就是车轮制动器;中央制动器一般用于驻车制动和缓速制动。

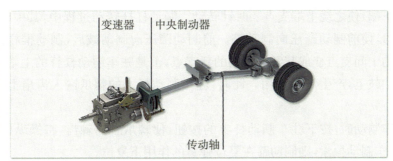
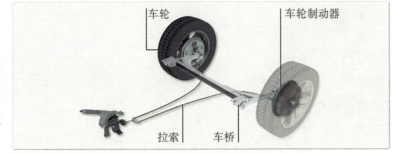

图 3-2-1 驻车制动装置类型

（三）车轮驻车制动系统

1. 车轮驻车制动系统组成

车轮驻车制动系统主要由驻车制动杆、制动拉索、车轮制动器以及车轮组成，如图 3-2-2 所示。

图 3-2-2 车轮驻车制动系统组成

2. 车轮驻车制动系统基本原理

驻车制动时，拉起驻车制动杆，力通过操纵机构使驻车制动拉索收紧，拉索则拉动驻车制动杠杆的下端,使之绕上端支点顺时针转动。制动杠杆转动过程中,其中间支点推动驻车制动推杆左移,使前制动蹄压向制动鼓。前制动蹄压向制动鼓后,制动推杆停止运动,则驻车制动杠杆的中间支点变成其继续移动的新支点,于是驻车制动杠杆的上端右移,使后制动蹄压靠在制动鼓上,产生制动作用。此时,驻车制动杆上的棘爪嵌入齿扇上的棘齿内,起锁止作用。

解除驻车制动时,按下驻车制动杆上的按钮,使棘爪脱离棘齿,将操纵杆回到释放制动位置,松开驻车制动拉索,则制动蹄在复位弹簧的作用下复位。

任务实施

(一)实施方案

1. 质量要求
参照厂家的质量标准要求。

2. 组织方式
每四位同学一组,以丰田 2007 款卡罗拉为例,检查与调整其驻车制动装置,按照企业岗位操作规范进行作业。

3. 作业准备
(1)技术要求与标准。

① 标准驻车制动行程:200 N 时为 6 至 9 个槽口。

② 紧固锁紧螺母的标准力矩:6.0 N·m。

③ 后盘式制动器制动缸操作杆和止动器间隙的规定范围:0.5 mm 或更小。

④ 制动警告灯始终在第一声咔嗒声时亮起。

(2)设备器材(图 3-2-3)。

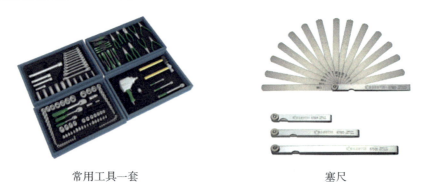

常用工具一套　　　　　　　　　塞尺

图 3-2-3　设备器材

(3)场地设施:理实一体化教室、废气排放装置、消防设施等。

(4)设备设施:丰田 2007 款卡罗拉轿车一辆、工具车、标保工具车、零件车、垃圾桶。

(5)耗材:干净抹布。

（二）操作步骤

1. 检查驻车制动杆行程

（1）用力拉住驻车制动杆。

（2）松开驻车制动器锁，并将驻车制动杆放回到关闭位置。

（3）缓慢将驻车制动杆向上拉到底，并计算咔嗒声的次数。（驻车制动行程：200 N 时为 6 至 9 个槽口）

2. 调整驻车制动杆行程

（1）拆下后地板控制台总成。

（2）完全松开驻车制动杆。

（3）松开锁紧螺母和调整螺母，以完全松开驻车制动拉索。

（4）发动机停机时，完全踩下制动踏板 3 至 5 次。

（5）转动调整螺母，直到驻车制动杆行程修正至规定范围内。（驻车制动行程：200 N 时为 6 至 9 个槽口）

（6）紧固锁紧螺母，力矩为 6.0 N·m。

（7）操作驻车制动杆 3 至 4 次，并检查驻车制动杆行程。

（8）检查驻车制动器是否卡滞。

（9）安装后地板控制台总成。

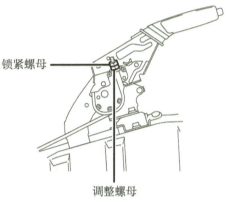

图 3-2-4 锁紧螺母和调整螺母位置

在执行驻车制动器调整之前，确保制动管路已放气且不再含有空气。

3. 检查后盘式制动器制动缸操作杆和挡块的间隙

松开驻车制动杆，检查并确认后盘式制动器制动缸操作杆和挡块之间的间隙测量值在规定范围内。如果间隙不在规定范围内，更换后盘式制动器制动钳总成。（标准间隙范围：0.5 mm 或更小）

4. 检查制动警告灯

操作驻车制动杆时，检查并确认制动警告灯亮起。（标准：制动警告灯始终在第一声咔嗒声时亮起）

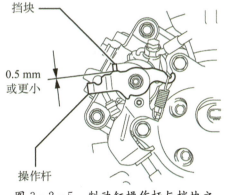

图 3-2-5 制动缸操作杆与挡块之间的间隙操作杆

5. 竣工检查

完成以上操作后，需进行如下操作：

（1）缓慢将驻车制动杆向上拉到底，计算咔嗒声次数是否为 6 至 9 次，并确认制动警告灯始终在第一声咔嗒声时亮起。

（2）检查后盘式制动器制动缸操作杆和挡块之间的间隙是否等于或小于 0.5 mm。

（一）驻车制动装置主要功用

（1）车辆停驶后防止滑溜。

（2）使车辆在坡道上能顺利起步。

（3）行车制动系统失效后临时使用或配合行车制动器进行紧急制动。

（二）驻车制动系统的类型

驻车制动系统分为中央驻车制动系统和车轮驻车制动系统两大类。按驻车制动器在汽车上安装位置的不同，驻车制动器分为中央制动器和车轮制动器两种，其中，中央驻车制动系统使用中央制动器，车轮驻车制动系统使用车轮制动器。

（三）检查与调整驻车制动装置的主要步骤

（1）检查驻车制动杆行程。

（2）调整驻车制动杆行程。

（3）检查后盘式制动器制动缸操作杆和止动器间隙。

（4）检查制动警告灯。

（5）竣工检查。

（一）课堂练习

1. 判断题

（1）驻车制动装置主要作用于前轮。（　　）

（2）在执行驻车制动器调整之前，确保制动管路已放气且不再含有空气。（　　）

（3）驻车制动器制动缸操作杆和挡块之间的间隙小于等于 0.5 mm。（　　）

2. 单选题

（1）以下关于驻车制动装置功用的说法不正确的是（　　）。

　　A. 车辆停驶后防止滑溜

　　B. 使车辆在坡道上能顺利起步

C. 行车制动系统失效后临时使用或配合行车制动器进行紧急制动

D. 驻车制动装置可以使汽车减速或停止运动,故可代替行车制动装置

(2) 以下哪项不是车轮驻车制动系统的组成部件?(   )

A. 驻车制动杆　　　B. 车轮　　　C. 制动拉索　　　D. 中央制动器

(二) 技能评价(表 3-2-1)

表 3-2-1　技能评价表

序号	内　　容	分值	得分
1	检查驻车制动杆行程	20	
2	调整驻车制动杆行程	20	
3	检查后盘式制动器制动缸操作杆和止动器间隙	20	
4	检查制动警告灯	20	
5	竣工检查	20	
	总分	100	

(注:操作规范即得分,操作错误或未进行操作即 0 分)

学习任务 3　检查与更换盘式制动器

- 熟知盘式制动器的基本结构和原理。
- 熟知盘式制动器的类型。
- 依据厂商规定的技术标准及规范操作要求,完成盘式制动器的检查与更换作业。

- 盘式制动器的检查与更换作业。

知识准备

（一）盘式制动器基本结构

盘式制动器主要由制动钳、摩擦块、制动盘、活塞、制动缸体等几部分组成,如图 3-3-1 所示。其中,盘式制动器摩擦副中的旋转元件是以端面工作的金属圆盘,此圆盘称为制动盘。工作面积不大的摩擦块与其金属背板组成制动块,制动块及其促进装置都装在横跨制

图 3-3-1　盘式制动器基本结构

动盘两侧的夹钳形支架中,总称为制动钳。

（二）盘式制动器基本原理

静止的摩擦块压紧旋转的制动盘产生摩擦力,达到减速直至停车的目的。

制动液压力推动活塞及摩擦块压紧旋转的制动盘产生摩擦,将动能转换成热能,散发到空气中,如图3-3-2所示。

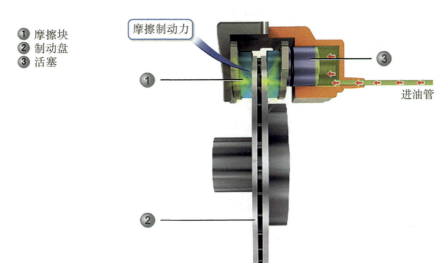

图3-3-2 盘式制动器基本原理

（三）盘式制动器类型

制动器是制动系统中用以产生阻碍车辆运动或运动趋势的力的部件。凡利用固定元件

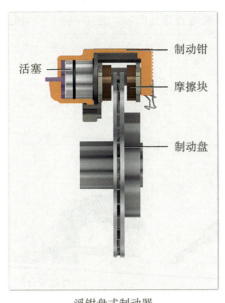

浮钳盘式制动器

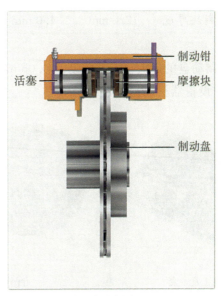

定钳盘式制动器

图3-3-3 盘式制动器类型

和旋转元件工作表面的摩擦作用产生制动力矩的制动器都称为摩擦制动器,盘式制动器是摩擦制动器的一种。

盘式制动器根据其固定元件的结构形式可分为钳盘式制动器和全盘式制动器。钳盘式制动器由制动盘和制动钳组成;全盘式制动器固定元件的金属背板和摩擦片也呈圆盘形,但其制动盘的全部工作面可同时与摩擦片接触,个别情况下全盘式制动器还可作为减速器。

钳盘式制动器又可分为定钳盘式制动器和浮钳盘式制动器,如图 3-3-3 所示。

(一) 实施方案

1. 质量要求

参照厂家的质量标准要求。

2. 组织方式

每四位同学一组,以丰田 2007 款卡罗拉为例,检查与更换其盘式制动器,按照企业岗位操作规范进行作业。

3. 作业准备

(1) 技术要求与标准。

① 制动器衬块和制动盘技术标准见表 3-3-1。

表 3-3-1

项目	标准厚度	最小厚度	项目	标准厚度	最小厚度
制动器衬块厚度	12.0 mm	1.0 mm	制动盘厚度	22.0 mm	19.0 mm

② 制动盘的最大径向圆跳动为 0.05 mm。

(2) 设备器材(图 3-3-4)。

常用工具一套　　　　　　百分表　　　　　　外径千分尺

图 3-3-4　设备器材

（3）场地设施：理实一体化教室、废气排放装置、消防设施等。

（4）设备设施：丰田2007款卡罗拉轿车一辆、举升机、工具车、标保工具车、零件车、垃圾桶。

（5）耗材：干净抹布、泡沫清洗剂。

（二）操作步骤

1. 拆卸盘式制动器

（1）拆卸制动器衬块。

① 拆卸车轮，如图3-3-5所示。

图3-3-5　拆卸车轮

② 分离制动缸总成。

a. 选用开口扳手、梅花扳手拧松制动缸总成2个固定螺栓，旋松固定螺栓并取下制动缸总成，如图3-3-6所示。

图3-3-6　取下制动缸总成

b. 将取下的制动缸总成悬挂在减振器的螺旋弹簧上，如图3-3-7所示。

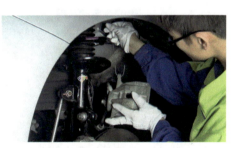

图3-3-7　悬挂制动缸总成

③ 从制动缸固定架上取下制动器衬块，如图3-3-8所示。

图3-3-8　取下制动器衬块

图 3-3-9 拆下衬块支撑板

(2) 拆卸制动缸固定架、制动盘。

① 从制动器固定架上分别拆下两个制动器衬块 1 号支撑板和 2 号支撑板,如图 3-3-9 所示。

 注意事项

各钳盘式制动器衬块支撑板的形状均不相同,确保在支撑板上做好识别标记,以便将其安装至各自的原位。

图 3-3-10 拆下制动缸滑销

② 从制动缸固定夹内侧上下方拆下制动缸滑销,如图 3-3-10 所示。

图 3-3-11 拆下制动器衬套防尘罩

③ 从制动缸固定夹内侧拆下两个制动器衬套防尘罩,如图 3-3-11 所示。

图 3-3-12 拧松制动缸固定架固定螺栓

④ 拆卸制动缸固定架。

a. 选用套筒、指针式扭力扳手,从转向节上拧松制动缸固定架两个固定螺栓,如图 3-3-12 所示。

b. 选用套筒、棘轮扳手,旋出制动缸固定架两个固定螺栓。

c. 取出制动缸固定架两个固定螺栓,然后取下制动缸固定架,如图 3-3-13 所示。

图 3-3-13 取下制动缸固定架

d. 在制动盘和车桥轮毂上做好装配标记,取下制动盘,如图 3-3-14 所示。

图 3-3-14 做装配标记

2. 检修盘式制动器

（1）分解盘式制动器。

① 用螺钉旋具从盘式制动器制动缸上拆下制动缸防尘罩定位环和制动缸防尘罩,如图 3-3-15 所示。

图 3-3-15 拆卸制动缸防尘罩

② 拆卸前盘式制动器活塞。

a. 在活塞和盘式制动器制动缸之间放置一块抹布。

b. 利用压缩空气枪,从盘式制动器制动缸上拆下活塞,如图 3-3-16 所示。

图 3-3-16 拆卸制动器活塞

用压缩空气枪时不要将手指放在活塞前面。

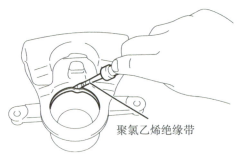

图 3-3-17 拆卸活塞密封

③ 用螺钉旋具从盘式制动器制动缸上拆下活塞密封,如图 3-3-17 所示。

注意事项

不要损坏制动缸内表面或活塞密封凹槽。

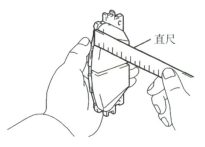

图 3-3-18 测量衬块厚度

④ 拆卸前盘式制动器放气螺塞盖。
⑤ 拆卸前盘式制动器放气螺塞。
(2) 检查盘式制动器。
① 检查气缸孔和活塞是否生锈或有划痕。如有必要,更换盘式制动器制动缸和活塞。
② 用直尺测量衬块厚度,记录检测数据,如图 3-3-18 所示。衬块标准厚度是 12.0 mm,最小厚度是 1.0 mm。如果衬块厚度小于最小厚度,则更换盘式制动器衬块。

注意事项

换上新的制动衬块后,务必检查前制动盘的磨损。

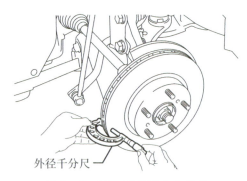

图 3-3-19 测量制动盘厚度

③ 确保盘式制动器衬块支撑板有足够的弹性,没有变形、裂纹或磨损,并清除所有的锈迹和污垢。如有必要,更换盘式制动器衬块支撑板。
④ 用外径千分尺测量制动盘厚度,如图 3-3-19 所示。制动盘标准厚度是 22.0 mm,最小厚度是 19.0 mm。如果制动盘厚度小于最小值,则更换前制动盘。

⑤ 检查制动盘径向圆跳动。

a. 用 SST 固定制动盘,并用 2 个螺母紧固制动盘,如图 3 - 3 - 20 所示。(专用工具:SST 09330 - 00021,力矩:103 N·m)

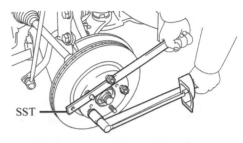

图 3 - 3 - 20　固定制动盘

b. 检查前桥轮毂轴承的松弛度和前桥轮毂的径向圆跳动。

c. 用百分表在距离前制动盘外缘 10 mm 的地方测量制动盘的径向圆跳动,如图 3 - 3 - 21 所示。(制动盘的最大径向圆跳动是 0.05 mm)

如果径向圆跳动超过最大值,则改变车桥轮毂上制动盘的安装位置以减小径向圆跳动。如果安装位置改变后径向圆跳动仍超过最大值,则研磨制动盘。

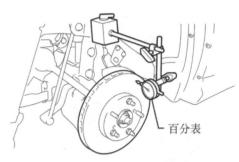

图 3 - 3 - 21　测量制动盘径向圆跳动

d. 拆下 3 个螺母和前制动盘。

（3）组装盘式制动器。

① 紧固前盘式制动器放气螺塞及螺塞盖。

② 安装活塞密封。

a. 在新的活塞密封上涂抹锂皂基乙二醇润滑脂。

b. 将活塞密封安装至盘式制动器制动缸总成。

③ 安装前盘式制动器活塞。

a. 在活塞和新制动缸防尘罩上涂抹锂皂基乙二醇润滑脂。

b. 将制动缸防尘罩安装至活塞。

c. 将活塞安装至盘式制动器制动缸总成,如图 3 - 3 - 22 所示。

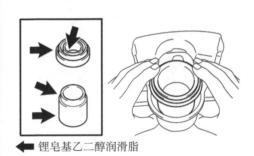

图 3 - 3 - 22　安装前盘式制动器活塞

④ 将制动缸防尘罩安装至盘式制动器制动缸总成,用螺钉旋具安装新定位环,如图 3 - 3 - 23 所示。

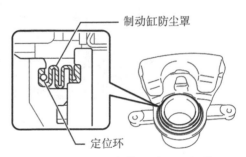

图 3 - 3 - 23　安装制动缸防尘罩

> **注意事项**
> 将定位环牢固安装至制动缸防尘罩，不要损伤制动缸防尘罩。

图 3-3-24 安装制动盘

3. 安装盘式制动器

（1）安装制动缸固定架、制动盘。

① 对准制动盘和车桥轮毂的装配标记，将制动盘安装到车桥轮毂上，如图 3-3-24 所示。

图 3-3-25 安装制动缸固定架

② 安装制动缸固定架。

a. 将制动缸固定架安装至转向节，并旋进制动缸固定架两个固定螺栓。

b. 选用套筒、棘轮扳手拧紧制动缸固定架两个固定螺栓。

c. 选用套筒、扭力扳手，以 107 N·m 的力矩紧固制动缸固定架两个固定螺栓。

图 3-3-26 安装制动器衬套防尘罩

③ 更换新的制动器衬套防尘罩，安装前在防尘罩两端涂抹锂皂基乙二醇润滑脂，然后将制动器衬套防尘罩安装至制动架上，如图 3-3-26 所示。

图 3-3-27 取下滑套

④ 安装制动缸滑销。

a. 在制动缸滑销上涂抹锂皂基乙二醇润滑脂，然后将制动缸滑销安装至制动缸固定架内侧上方。

b. 从制动缸 2 号滑销上取下滑套，如图 3-3-27 所示。

c. 更换新的滑套，并在安装前涂抹锂皂基乙二醇润滑脂。

d. 在制动缸2号滑销上涂抹锂皂基乙二醇润滑脂，并安装至制动缸固定架内侧下方，如图3-3-28所示。

图3-3-28　在滑销上涂抹锂皂基乙二醇润滑脂

⑤ 将两个制动器衬块支撑板分别安装至制动缸固定架上，如图3-3-29所示。

（2）安装制动器衬块。

① 安装制动器衬块。

② 安装制动缸总成。

a. 将制动缸总成安装到制动缸固定架上，并旋进两个制动缸总成固定螺栓。

b. 选用开口扳手、梅花扳手拧紧制动缸总成两个固定螺栓。

c. 选用梅花扳手、套筒、扭力扳手，以34 N·m的力矩紧固制动缸总成两个固定螺栓。

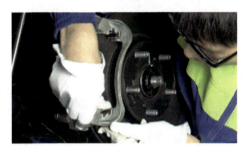

图3-3-29　安装衬块支撑板

③ 安装车轮。

4. 竣工检查

完成以上操作后，运行车辆，踩下制动踏板，进行制动效果检验。

任务小结

（一）盘式制动器的组成及其工作原理

盘式制动器主要由制动钳、摩擦块、制动盘、活塞、制动缸体等几部分组成。盘式制动器的工作原理是制动液压力推动活塞及摩擦块压紧旋转的制动盘产生摩擦，将动能转换成热能，散发到空气中。

（二）盘式制动器的类型

盘式制动器根据其固定元件的结构形式可分为钳盘式制动器和全盘式制动器，其中，钳盘式制动器又可分为定钳盘式制动器和浮钳盘式制动器。

（三）盘式制动器检修作业注意事项

（1）各前盘式制动器衬块支撑板的形状均不相同，确保在各前盘式制动器衬块支撑板上做好识别标记，以便将其安装至各自的原位。

（2）如果径向圆跳动超过最大值，则改变车桥轮毂上制动盘的安装位置以减小径向圆跳动，如果安装位置改变后径向圆跳动仍超过最大值，则研磨制动盘。

（四）检查与更换盘式制动器的过程

（1）拆卸盘式制动器。

（2）检修盘式制动器。

（3）安装盘式制动器。

（4）竣工检查。

（一）课堂练习

1. 判断题

（1）盘式制动器根据其固定元件的结构形式可分为定钳盘式制动器和浮钳盘式制动器。（　）

（2）盘式制动器的工作原理是静止的摩擦块压紧旋转的制动盘产生摩擦力，达到减速直至停车的目的。（　）

2. 单选题

（1）盘式制动器衬块标准厚度范围是（　）。

　　A. 1.0—13.0 mm

　　B. 1.0—12.0 mm

　　C. 2.0—13.0 mm

　　D. 2.0—12.0 mm

（2）盘式制动器制动盘标准厚度范围是（　）。

　　A. 2.0—22.0 mm

　　B. 19.0—22.0 mm

　　C. 19.0—20.0 mm

　　D. 16.0—22.0 mm

（3）拆下制动盘前要在制动盘和车桥轮毂上（　）。

　　A. 打孔

　　B. 涂抹润滑脂

　　C. 安装固定架

　　D. 做好装配标记

（二）技能评价（表 3-3-2）

表 3-3-2 技能评价表

序号	内　　容	分值	得分
1	拆卸制动器衬块	10	
2	拆卸制动缸固定架	10	
3	拆卸制动盘	10	
4	分解盘式制动器	10	
5	检查盘式制动器	10	
6	组装盘式制动器	10	
7	安装制动盘	10	
8	安装制动缸固定架	10	
9	安装制动器衬块	10	
10	竣工检查	10	
	总分	100	

（注：操作正确即得分，操作错误或未进行操作即 0 分）

学习任务 4　检查与更换鼓式制动器

- 熟知鼓式制动器组成及工作原理。
- 了解鼓式制动器的特点。
- 依据厂商规定的技术标准及规范操作要求,完成鼓式制动器的检查与更换作业。

- 鼓式制动器的检查与更换作业。

知识准备

（一）鼓式制动器组成

鼓式制动器主要由制动鼓、摩擦片、制动轮缸、制动蹄、回位弹簧和制动底板组成,如图3-4-1所示。其中,旋转元件是制动鼓,固定元件是制动蹄。制动时制动蹄在促动装置作用

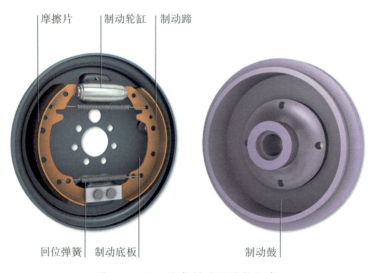

图 3-4-1　鼓式制动器结构组成

下向外旋转,外表面的摩擦片压靠到制动鼓的内圆柱面上,对制动鼓产生制动摩擦力矩。

(二) 鼓式制动器工作原理

汽车行驶中不需要制动时,制动踏板处于自由状态,制动主缸无制动液压力输出,制动蹄在回位弹簧的作用下压靠在轮缸活塞上,制动鼓的内圆柱面与摩擦片之间保留一定间隙,制动鼓可以随车轮一起旋转。

制动时,驾驶员踩下制动踏板,主缸推杆便推动制动主缸的活塞前移,使制动液经管路进入制动轮缸,推动轮缸的活塞向外移动,使制动蹄克服回位弹簧的拉力绕支撑销转动而张开,消除制动蹄与制动鼓之间的间隙后压紧在制动鼓上。此时,不旋转的制动蹄摩擦片对旋转的制动鼓就产生一个摩擦力矩,其方向与车轮的旋转方向相反,如图3-4-2所示。

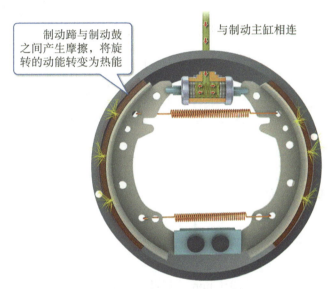

图3-4-2 鼓式制动器工作原理图

放松制动踏板,在回位弹簧的作用下,制动蹄与制动鼓的间隙又得以恢复,从而解除制动。

(三) 鼓式制动器的特点

轿车在制动过程中,由于惯性的作用,前轮的负荷通常占汽车全部负荷的70%—80%,前轮制动力要比后轮大,后轮起辅助制动作用,因此轿车生产厂家为了节省成本,就采用前盘后鼓的制动方式。

鼓式制动器的制动效能和散热性都要差许多,制动力稳定性差,在不同路面上制动力变化很大,不易于掌控。而由于散热性能差,在制动过程中会聚集大量的热量。制动块和制动鼓在高温影响下较易发生极为复杂的变形,容易产生制动衰退和抖振现象,引起制动效能下降。另外,鼓式制动器在使用一段时间后,要定期调校制动蹄的间隙,甚至要把整个制动鼓拆下,以清理累积在内的制动块磨屑。

任务实施

（一）实施方案

1. 质量要求

参照厂家的质量标准要求。

2. 组织方式

每四位同学一组，以雪佛兰 2012 款科鲁兹 1.6L SL MT 为例，检查与更换其鼓式制动器，按照企业岗位操作规范进行作业。

3. 作业准备

（1）技术要求与标准。

① 紧固件紧固规格如表 3-4-1 所示。

表 3-4-1

项目	规格	项目	规格
制动管接头	18 N·m	车轮制动轮缸安装螺栓	10 N·m
鼓式制动器安装螺栓	7 N·m		

② 鼓式制动器部件规格如表 3-4-2 所示。

表 3-4-2

项目	规格	项目	规格
制动鼓报废直径	256 mm	制动鼓修整后最大直径	256 mm
制动鼓直径（新）	254 mm	制动蹄摩擦衬片最小厚度	1.6 mm
制动鼓最大允许径向圆跳动	0.05 mm	制动蹄摩擦衬片至制动鼓间隙	0.4—0.9 mm
制动鼓最大允许划痕深度	1 mm	制动蹄摩擦衬片厚度（新）	5.0 mm

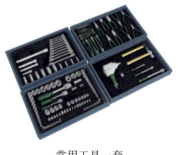

常用工具一套

图 3-4-3 设备器材

（2）设备器材（图 3-4-3）。

（3）场地设施：理实一体化教室、废气排放装置、消防设施等。

（4）设备设施：雪佛兰 2012 款科鲁兹 1.6L SL MT 轿车一辆、举升机、科鲁兹专用工具一套、工具车、标保工具车、零件车、垃圾桶。

（5）耗材：染色剂、干净抹布、泡沫清洗剂。

(二)操作步骤

1. 拆卸鼓式制动器

(1) 拆卸制动鼓,如图3-4-4所示。

① 检查以确保驻车制动器已完全释放。
② 举升并支撑车辆。
③ 拆下后轮胎和车轮总成。
④ 拆下制动鼓螺钉。
⑤ 拆下制动鼓。

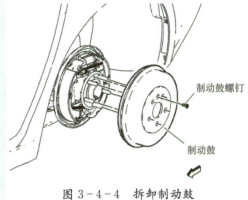

图3-4-4 拆卸制动鼓

将制动鼓重新安装回车辆时,应使用CH41013表面修整工具或同等工具,以便清除制动鼓轮毂或法兰结合面上的锈蚀。

使用CH42450-A表面修整工具或同等工具清洁轮毂法兰。

(2) 拆卸制动蹄。

① 拆卸调节器弹簧。将调节器弹簧弯钩端与调节器执行器杆上的凸舌分离,然后释放制动蹄辐板孔上的弹簧,如图3-4-5所示。

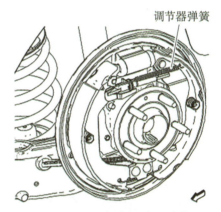

图3-4-5 拆卸调节器弹簧

切勿拉长调节器弹簧,如果过度拉伸弹簧,可能发生损坏。

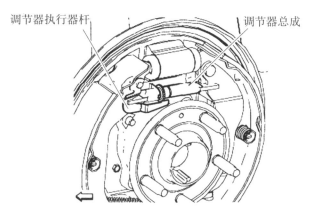

图 3-4-6 分离调节器执行器杆和调节器总成

② 将调节器执行器杆与调节器总成分离,如图 3-4-6 所示。拆下调节器总成。

图 3-4-7 拆卸制动蹄弹簧

③ 拆下制动蹄弹簧,使用 CH 346 安装工具拧动弹簧帽,如图 3-4-7 所示。

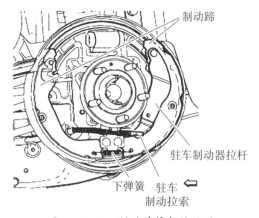

图 3-4-8 制动蹄等部件位置

④ 拆卸制动蹄。将下弹簧从前制动蹄上拆下。将驻车制动拉索从驻车制动器拉杆上拆下。如图 3-4-8 所示。

(3) 拆卸制动轮缸。

① 清理车轮制动轮缸周围的积垢和污染物。

② 将制动管接头与车轮制动轮缸断开。用帽堵住露出的制动管端以防止油液流失。

③ 拆下2个车轮制动轮缸安装螺栓,如图3-4-9所示。

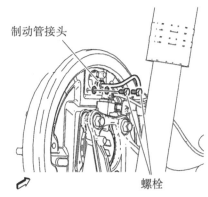

图 3-4-9 拆卸制动管接头和制动轮缸安装螺栓

④ 将车轮制动轮缸从底板拆下,如图3-4-10所示。

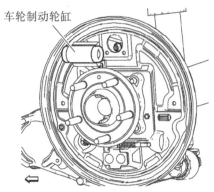

图 3-4-10 拆卸车轮制动分泵

2. 检查制动鼓

(1) 制动鼓直径测量。

① 用工业酒精或同等制动器清洗剂,清洁制动鼓的制动蹄摩擦衬片接触面。

② 使用精度达到0.001 in级的制动鼓千分尺测量并记录制动鼓圆周上均匀分布的4个或更多个点的最大直径,如图3-4-11所示。确保仅在制动蹄摩擦衬片的接触部位进行测量。每次测量时千分尺都必须放置在距离制动鼓外边缘的同等距离。

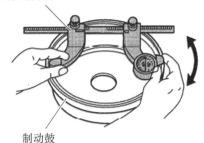

图 3-4-11 测量制动鼓直径

③ 将所记录的最大直径测量值与制动鼓部件规格相比较。(参见"鼓式制动器部件规格")

④ 如果制动鼓的最大直径测量值低于表面修整后最大允许内径规格,根据表面状况和磨损情况,可以对制动鼓进行表面修整。

⑤ 如果制动鼓的最大直径测量值等于或者大于表面修整后最大允许直径规格,无须对制动鼓进行表

面修整。如果制动鼓的最大直径测量值等于或者大于报废的直径规格，则更换制动鼓。

(2) 制动鼓表面和磨损检查。

① 检查制动鼓表面是否存在以下状况：

a. 锈蚀或点蚀轻微的表面可用砂轮清除；严重的表面锈蚀或点蚀必须通过修整制动鼓表面清除。

b. 开裂或灼斑。

c. 严重变蓝。

d. 缺失配重块。

如果制动鼓的制动表面出现上述一种或几种制动鼓表面状况，则制动鼓需要表面修整或更换。

② 使用精度达到 0.001 in 级的制动鼓千分尺，测量并记录鼓式制动器表面的所有划痕。务必确保仅在制动蹄摩擦衬片的接触部位进行测量，如图 3-4-12 所示。

③ 将所记录的凹槽或划痕深度与鼓式制动器部件规格相比较。（参见"鼓式制动器部件规格"）

④ 如果制动鼓划痕深度超过此规格或如果划痕过多，则制动鼓需要进行表面修整或更换。

⑤ 将制动鼓安装在制动器车床上。

⑥ 安装千分表、GE572 千分表或同等品。将千分表测量头与制动鼓的制动器表面成 90°接触，且距离制动鼓外边缘约 19 mm(0.75 in)。

⑦ 测量并记录制动鼓的径向圆跳动，如图 3-4-13 所示。

a. 转动制动鼓，直到千分表读数达到最小，然后将千分表归零。

b. 转动制动鼓，直到千分表读数达到最大。

c. 将制动鼓的径向圆跳动与鼓式制动器部件规格相比较。（参见"鼓式制动器部件规格"）

如果制动鼓径向圆跳动超过规格，则制动鼓需要进行表面修整或更换。

(3) 后制动鼓的表面修正。

① 使用千分尺测量制动鼓的最大直径。如果制动鼓的最大直径超过制动鼓最大修整直径，切勿修整制动鼓，需更换制动鼓。

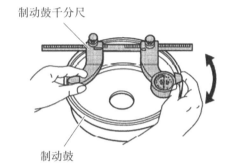

图 3-4-12　测量制动鼓表面的所有划痕

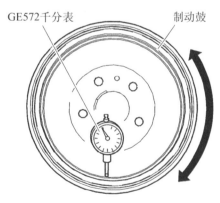

图 3-4-13　测量制动鼓的径向圆跳动

② 使用 CH41013 表面修整工具彻底清理制动鼓法兰的锈蚀。
③ 对制动鼓进行表面修整。
④ 机加工制动鼓后,用细砂纸打磨不定向制动器表面。
⑤ 使用工业酒精或合适的制动器清洁剂清洁制动器表面。

注意事项

出现以下问题时,切勿修整制动鼓:①制动器噪声(轰鸣声/尖叫声);②制动摩擦衬片过早磨损;③鼓式制动器表面或浅层腐蚀;④制动鼓变色。

仅当出现以下一个或多个状况时,方需修正制动鼓:①制动鼓表面严重划痕(划痕深度超过1mm);②制动鼓不圆;③腐蚀或点蚀程度比鼓式制动器表面更深(②和③可造成制动器脉动)。

3. 检查鼓式制动器构件(图3-4-14)

(1) 目视检查鼓式制动器系统制动蹄弹簧是否存在以下情况:
① 在制动蹄弹簧任何弹簧点出现弯曲、损坏或开裂。
② 制动鼓部件的严重腐蚀。
③ 制动鼓部件的严重拉伸、扭曲或卡滞。
④ 车轮制动轮缸护套的损害或泄漏。
(2) 如果出现上述任何状况,则应更换制动蹄弹簧和/或车轮制动轮缸。

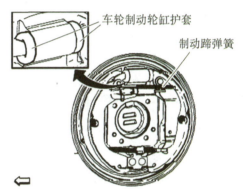

图3-4-14 鼓式制动器构件

4. 检查鼓式制动器调节构件(图3-4-15)

(1) 目视检查调节器弹簧是否存在以下状况:
① 弹簧在任何弹簧点出现弯曲或开裂。
② 严重腐蚀。
③ 缺失。
(2) 目视检查调节器总成是否存在以下状况:
① 调节器出现弯曲或开裂。
② 过度磨损、损坏或缺齿。
(3) 目视检查调节器执行器杆是否存在以下状况:

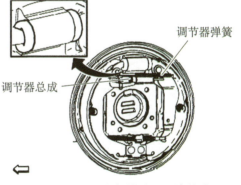

图3-4-15 鼓式制动器调节构件

① 执行器杆出现弯曲或开裂。
② 执行器杆至调节器表面出现过度磨损。
③ 弹簧附件凸舌断裂。
④ 缺失。
（4）如果发现上述任何状况,则更换受影响的部件。

5. 检查制动蹄

（1）使用 CH230 量表测量制动蹄摩擦衬片厚度,如图 3-4-16 所示。

（2）将记录的制动蹄摩擦衬片厚度与制动鼓部件规格做比较。（参见"鼓式制动器部件规格"）

（3）如果制动蹄摩擦衬片厚度小于规定值或发现瑕疵,则更换摩擦衬片。

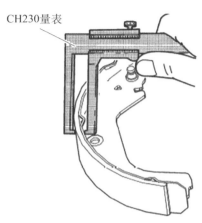

图 3-4-16 测量制动蹄摩擦衬片厚度

6. 安装鼓式制动器

（1）安装制动分泵。

① 将车轮制动轮缸安装至底板,如图 3-4-17 所示。

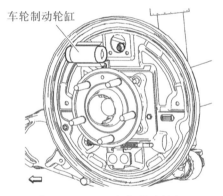

图 3-4-17 安装制动轮缸

② 安装车轮制动轮缸安装螺栓并紧固至 10 N·m。

③ 将制动管接头连接至车轮制动轮缸并紧固至 18 N·m,如图 3-4-18 所示。

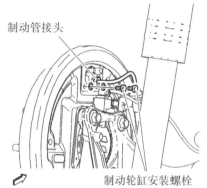

图 3-4-18 安装制动管接头和制动轮缸安装螺栓

(2) 安装制动蹄。

① 将调节器总成安装至调节器执行器杆,尽可能旋转调节器,如图 3-4-19 所示。

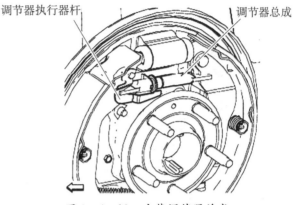

图 3-4-19 安装调节器总成

② 将驻车制动拉索安装至驻车制动器拉杆。

③ 将下弹簧安装至前制动蹄。

④ 安装制动蹄,如图 3-4-20 所示。

⑤ 安装制动蹄弹簧,使用 CH346 安装工具拧动弹簧帽。

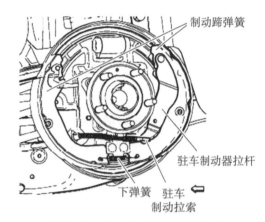

图 3-4-20 制动蹄等部件位置

⑥ 安装调节器弹簧,确保弹簧上的搭扣与执行器杆上的凸舌充分结合,如图 3-4-21 所示。

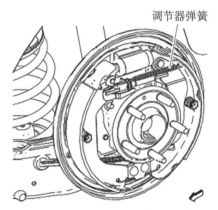

图 3-4-21 安装调节器弹簧

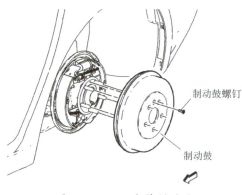

图 3-4-22 安装制动鼓

(3) 安装制动鼓,如图 3-4-22 所示。

① 如果安装新的制动鼓,需使用工业酒精或同等制动器清洗剂和干净的抹布,清除制动鼓摩擦表面上的保护涂层。

② 调节鼓式制动器。

③ 安装鼓式制动器。

④ 安装鼓式制动器螺钉并紧固至7 N·m。

⑤ 安装轮胎和车轮总成。

⑥ 降下车辆。

7. 竣工检查

完成以上操作后,运行车辆,踩下制动踏板,进行制动效果检验。

 任务小结

(一) 鼓式制动器的组成

鼓式制动器主要由制动鼓、摩擦片、制动轮缸、制动蹄、回位弹簧和制动底板组成,其中,旋转元件是制动鼓,固定元件是制动蹄。

(二) 鼓式制动器的工作原理

汽车行驶中不需要制动时,制动踏板处于自由状态,制动主缸无制动液压力输出,制动蹄在回位弹簧的作用下压靠在轮缸活塞上,制动鼓的内圆柱面与摩擦片之间保留一定间隙,制动鼓可以随车轮一起旋转。制动时,驾驶员踩下制动踏板,主缸推杆便推动制动主缸的活塞前移,使制动液经管路进入制动轮缸,推动轮缸的活塞向外移动,使制动蹄克服回位弹簧的拉力绕支撑销转动而张开,消除制动蹄与制动鼓之间的间隙后压紧在制动鼓上。

(三) 检查与更换鼓式制动器的过程

(1) 拆卸鼓式制动器。

(2) 检查制动鼓。

(3) 检查鼓式制动器构件。

(4) 检查鼓式制动器调节构件。

(5) 检查制动蹄。

(6) 安装鼓式制动器。

(7) 竣工检查。

任务评价

（一）课堂练习

1. 判断题

（1）鼓式制动器的旋转元件是制动蹄，固定元件是制动鼓。（   ）

（2）测量制动鼓直径时，千分尺都必须放置在距离制动鼓外边缘的同等距离。（   ）

（3）如果出现鼓式制动器表面或浅层腐蚀可采取修整制动鼓排除损伤。（   ）

2. 单选题

（1）不可修整制动鼓以排除以下哪种问题？（   ）

  A. 制动摩擦衬片过早磨损　　　　　B. 制动鼓不圆

  C. 制动鼓表面严重划痕　　　　　　D. 腐蚀或点蚀程度比鼓式制动器表面更深

（2）以下哪种损伤可造成制动器脉动？（   ）

  A. 制动鼓噪声

  B. 鼓式制动器表面或浅层腐蚀

  C. 制动鼓变色

  D. 腐蚀或点蚀程度比鼓式制动器表面更深

（二）技能评价（表 3-4-3）

表 3-4-3　技能评价表

序号	内　　容	分值	得分
1	拆卸鼓式制动器	15	
2	检查制动鼓	20	
3	检查鼓式制动器构件	10	
4	检查鼓式制动器调节构件	15	
5	检查制动蹄	15	
6	安装鼓式制动器	15	
7	竣工检查	10	
	总分	100	

（注：操作正确即得分，操作错误或未进行操作即 0 分）

学习任务 5　检查与更换制动液

任务目标

- 正确描述液压制动系统原理。
- 熟知制动液作用以及使用周期。
- 依据厂商规定的技术标准及规范操作要求，完成制动液的检查与更换作业。

学习重点

- 制动液的检查与更换作业。

知识准备

（一）液压制动系统原理

驾驶员施加的控制力，通过制动踏板机构传到制动主缸。制动主缸属于单向作用活塞式液压缸，其主要作用是将自踏板机构输入的机械能转换成液压能，再通过制动管路输入前、后轮制动器中的制动轮缸。制动轮缸将输入的液压能再转换成机械能，促使制动器进入工作状态，如图 3-5-1 所示。

（二）制动液

制动液是液压制动系统的重要组成部分，其质量好坏对制动系统的工作可靠性有很大影响。为此对制动液提出如下要求：

（1）高温下不易汽化，否则将在管路中产生气阻现象，使制动系统失效。

（2）低温下有良好的流动性。

（3）不会使与之经常接触的金属件（铸铁、钢、铝或铜）腐蚀，不会使橡胶件发生膨胀、变硬和损坏。

（4）能对液压系统的运动件起到良好的润滑作用。

（5）吸水性差而溶水性良好，即能使渗入其中的水汽形成微粒而与之均匀混合，否则将在制动液中形成水泡而大大降低汽化温度。

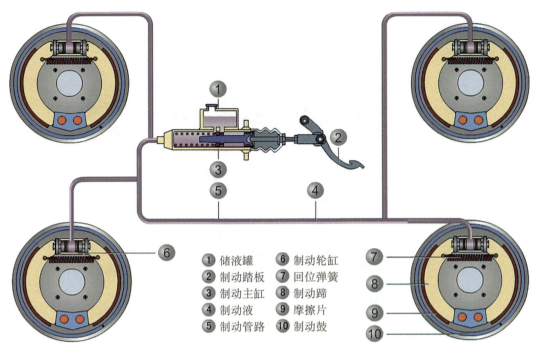

图 3-5-1 制动系统工作原理

① 储液罐　⑥ 制动轮缸
② 制动踏板　⑦ 回位弹簧
③ 制动主缸　⑧ 制动蹄
④ 制动液　⑨ 摩擦片
⑤ 制动管路　⑩ 制动鼓

（三）制动液作用

制动液的功用主要有以下四个方面：

传递动力：制动液是传递动力的介质，在受到压力时，迅速、均匀地将压力传递到系统各部分，如图 3-5-2 所示。

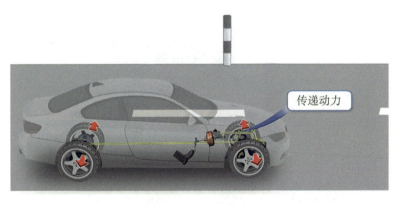

图 3-5-2　传递动力

润滑：制动液能对液压系统的运动件起到良好的润滑作用，如图 3-5-3 所示。

散热：制动液将制动时产生的热量带入制动管路，起到散热作用，如图 3-5-4 所示。

防锈：制动液可防止与之接触的金属（铸铁、铜、铝或钢）件腐蚀生锈，如图 3-5-5 所示。

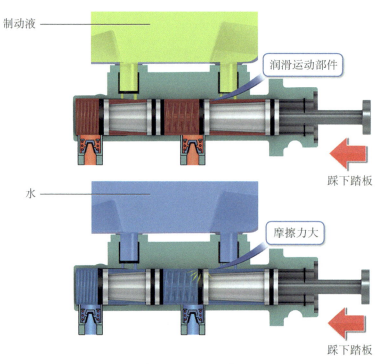

图 3-5-3 润滑

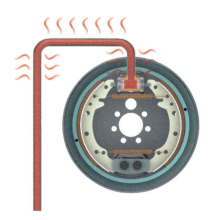

图 3-5-4 散热

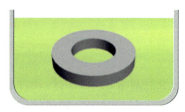

水　　　　　　　　　　　制动液

图 3-5-5 防锈

（四）制动液类型

制动液有三种类型：合成制动液、矿物制动液、植物制动液，如图3-5-6所示。当前汽车最常用的是合成制动液。

合成制动液由醚、醇、酯等掺入润滑、抗氧化等添加剂制成，其特点是工作温度范围较宽、润滑性好、低温流动性好、对橡胶和金属腐蚀作用小。

矿物制动液用精制的轻柴油馏分加入稠化剂和其他添加剂制成，其特点是润滑性较好、低温流动性较好，但对橡胶零部件有溶解作用。

植物制动液由精制的蓖麻油和低碳醇（乙醇或丁醇）调配而成，是无色或浅黄色清彻透明的液体，其特点是沸点低、低温时性质不稳定。

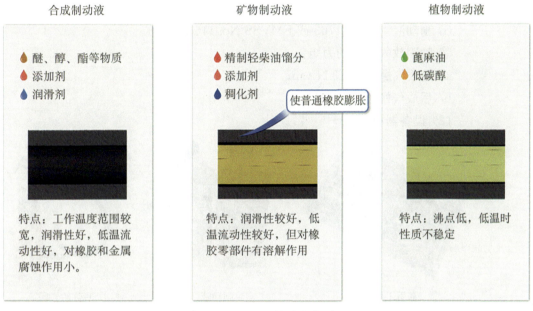

图3-5-6 制动液类型

（五）制动液使用周期

汽车制动液在使用中物理化学性能会逐渐下降甚至变质，出现沸点降低、氧化变质等现象，所以要根据具体的行车环境及时检查制动液的质量，如果制动效果受到影响，需要及时更换。

一般情况下，建议汽车行驶5万km或者使用两年（以先到者为准）就应进行相关检查，视检查结果确定制动液是否需要更换。

更换制动液时要注意以下几点：选用与自己的车型相匹配的制动液；推荐使用高等级合成型制动液；使用专业设备进行更换。

在更换制动液时要使用专业更换设备，现在很多车辆保养店引进的设备具有电子检测功能，能够检测制动液质量好坏，根据检测结果自动更换制动液，效果远远好于人工更换。

任务实施

（一）实施方案

1. 质量要求
参照厂家的质量标准要求。

2. 组织方式
每四位同学一组，以丰田 2007 款卡罗拉为例，检查与更换其制动液，按照企业岗位操作规范进行作业。

3. 作业准备
（1）技术要求与标准。
① 制动液：SAE J1703 或 FMVSS No. 116 DOT 3。
② 紧固放气螺栓的力矩：
a. 前放气螺栓：8.3 N·m；
b. 后放气螺栓：10 N·m。
（2）设备器材（图 3-5-7）。

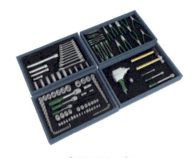
常用工具一套

制动液

手动真空泵

图 3-5-7 设备器材

（3）场地设施：理实一体化教室、废气排放装置、消防设施等。
（4）设备设施：丰田 2007 款卡罗拉轿车一辆、工具车、标保工具车、零件车、垃圾桶。
（5）耗材：干净抹布、泡沫清洗剂。

（二）操作步骤

检查与更换制动液

1. 检查制动液液位
（1）拆卸中间前围板上通风栅板。
① 脱开前围上密封左侧 2 个固定卡子，放至合适位置，如图 3-5-8 所示。

图 3-5-8 脱开前围上 2 个固定卡子

② 脱开5个卡爪,拆下中间前围板上的通风栅板,如图3-5-9所示。

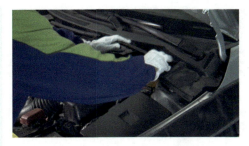

图3-5-9 拆下通风栅板

(2) 检查制动储液罐内的制动液液位是否正常,即是否在高位(MAX)和低位(MIN)之间,如图3-5-10所示。

图3-5-10 检查制动液液位

如果制动液液位低于MIN线,应检查制动液是否泄漏或制动器衬块是否磨损过甚,必要时维修。

2. 排放制动液

(1) 抽取制动储液罐内的制动液。

① 清洁制动储液罐及盖上的油污,如图3-5-11所示。

图3-5-11 清洁制动储液罐

排放制动液

② 打开制动储液罐加液口盖并放到工具车上,如图3-5-12所示。

图3-5-12 打开制动储液罐加液口盖

图 3-5-13 取出过滤网

③ 从储液罐加液口中取出过滤网,如图 3-5-13 所示。

图 3-5-14 连接手动真空泵

④ 连接手动真空泵,如图 3-5-14 所示。

图 3-5-15 抽取制动液

⑤ 将制动储液罐内的制动液抽干净,如图 3-5-15 所示。

图 3-5-16 制动液

(2) 加注制动液。

① 检查新的制动液的牌号是否正确,正确牌号为 SAE J1703 或 FMVSS No. 116 DOT 3,如图 3-5-16 所示。

不同品牌、不同型号的制动液不能混合使用。

② 安装过滤网，如图 3-5-17 所示。

图 3-5-17　安装过滤网

③ 将制动液加注到储液罐中，直到制动液位至 MAX 刻度处，如图 3-5-18 所示。

图 3-5-18　加注制动液

④ 盖上储液罐加注口盖，如图 3-5-19 所示。

图 3-5-19　盖上储液罐加注口盖

（3）根据举升机操作规范，举升车辆到操作的合适高度后停止举升并锁止，如图 3-5-20 所示。

图 3-5-20　举升车辆

（4）按照维修手册规定，选用 21 mm 轮胎专用套筒及气动扳手，对角拆卸车轮固定螺母，然后拆下车轮，如图 3-5-21 所示。用同样方法拆除其余的车轮。

图 3-5-21　拆卸车轮

（5）排放制动液。

① 清洁右后轮放气螺塞周围油污，如图 3-5-22 所示。

图 3-5-22　放气螺塞位置

② 取下放气螺塞帽，如图 3-5-23 所示。

图 3-5-23　取下放气螺塞帽

③ 按照维修手册规定，选用 8 mm 梅花扳手，将手动真空泵连接到放气螺塞，拧松放气螺塞，如图 3-5-24 所示。用手动真空泵抽取制动液直至新制动液流出。

图 3-5-24　拧松放气螺塞

④ 正确使用工具拧紧放气螺塞，取下手动真空泵连接管，如图 3-5-25 所示。

图 3-5-25　拧紧放气螺塞

⑤ 清洁放气螺塞周围，如图 3-5-26 所示。

图 3-5-26　清洁放气螺塞周围

⑥ 按照上述方法依次以左后、右前、左前的顺序抽出其他轮缸的制动液,如图 3-5-27 所示。

图 3-5-27　按顺序抽取其他轮缸制动液

在排放旧的制动液时要注意观察制动储液罐的制动液液面,不足时要及时添加。

3. 制动系统排放空气

(1) 起动发动机。

① 一人进入车内,检查变速杆是否处在 P 位,如图 3-5-28 所示。

图 3-5-28　检查变速杆位置

制动系统排放空气

② 检查驻车制动杆是否拉紧,如图 3-5-29 所示。

图 3-5-29　检查驻车制动杆是否拉紧

③ 起动发动机,保持怠速运行状态,如图 3-5-30 所示。

图 3-5-30　怠速运转汽车

(2) 制动系统排放空气。

① 另一人将 8 mm 梅花扳手放入右后轮缸放气螺塞处,然后将塑料管一端连接至放气螺塞上,另一端放至制动液回收容器中,如图 3-5-31 所示。

图 3-5-31　将塑料管连接至放气螺塞上

② 车内人员踩压制动踏板数次,然后踩住制动踏板,如图 3-5-32 所示。

图 3-5-32　踩制动踏板

③ 车外人员旋松放气螺塞,观察制动液的流出情况,然后旋紧放气螺塞,如图 3-5-33 所示。

图 3-5-33　旋松放气螺塞

④ 车内人员松开制动踏板,如图 3-5-34 所示。按此操作数次,直到制动液中无气泡,然后旋紧放气螺塞。

图 3-5-34　松开制动踏板

⑤ 车内人员松开制动踏板,车外操作人员拔出塑料管,取出梅花扳手,如图 3-5-35 所示。

图 3-5-35　拔出塑料管

⑥ 清洁放气螺塞周围,如图 3-5-36 所示。

图 3-5-36　清洁放气螺塞周围

⑦ 按照维修手册规定,选用 8 mm 套筒、扭力扳手,紧固放气螺塞,如图 3-5-37 所示。

图 3-5-37　紧固放气螺塞

⑧ 盖上放气螺塞帽,如图 3-5-38 所示。

图 3-5-38　盖上放气螺塞帽

⑨ 检查制动储液罐的液位,必要时添加,如图 3-5-39 所示。

图 3-5-39　添加制动液

⑩ 盖上储液罐加注口盖,如图 3-5-40 所示。

图 3-5-40　盖上储液罐加注口盖

图 3-5-41　按顺序排放其他轮缸的空气

⑪ 按照上述方法依次以左后、右前、左前的顺序排放其他轮缸的空气,如图 3-5-41 所示。

4. 再次检查制动液液位

(1) 检查制动储液罐内的制动液液位是否在 MAX 和 MIN 之间,必要时进行调整,如图 3-5-42 所示。

图 3-5-42　检查制动液液位

(2) 安装中间前围板上通风栅板。

① 接合 5 个卡爪并安装中间前围板上的通风栅板,如图 3-5-43 所示。

② 推动并接合发动机盖与前围板上密封卡子,安装中间前围板上通风栅板密封胶条。

5. 竣工检查

活动作业完成后,在实验场地进行制动实验并测量制动距离。如有条件,可以在规范的制动试验台上进行制动力测试,检验制动力是否合格。

图 3-5-43　安装通风栅板

(一) 液压制动系统原理

驾驶员施加的控制力,通过制动踏板机构传到制动主缸。制动主缸属于单向作用活塞式液压缸,其主要作用是将自踏板机构输入的机械能转换成液压能,再通过制动管路输入前、后轮制动器中的制动轮缸。制动轮缸将输入的液压能再转换成机械能,促使制动器进入工作状态。

(二) 制动液功能

制动液是液压系统的重要组成部分,有传递动力、润滑、防锈、散热等功能。

(三) 制动液的类型

合成制动液、矿物制动液、植物制动液。

（四）检查与更换制动液包括以下内容：

（1）检查制动液液位。
（2）排放制动液。
（3）制动系统排放空气。
（4）再次检查制动液液位。
（5）竣工检查。

（一）课堂练习

1. 判断题

（1）制动液润滑功用：制动液是传递动力的介质，在受到压力时，迅速、均匀地将压力传递到系统各部分。（   ）

（2）合成制动液的特点是：工作温度范围较宽，润滑性好，低温流动性好，但对橡胶零部件有溶解作用。（   ）

（3）加注新制动液时检查新制动液的牌号是否正确，正确牌号为 SAE J1703 或 FMVSS No. 116 DOT 3。（   ）

2. 单选题

（1）以下哪项不是制动液的功用？（   ）
  A. 润滑　　　　　B. 传递动力　　　　C. 防锈　　　　　D. 保温

（2）制动液的三种类型：合成制动液、矿物制动液和（   ）。
  A. 动物制动液　　　　　　　　　B. 植物制动液
  C. 蓖麻油制动液　　　　　　　　D. 乙醇制动液

（二）技能评价（表 3-5-1）

表 3-5-1　技能评价表

序号	内　　容	分值	得分
1	检查制动液液位	20	
2	排放制动液	20	
3	制动系统排放空气	20	
4	再次检查制动液液位	20	
5	竣工检查	20	
	总分	100	

（注：操作正确即得分，操作错误或未进行操作即 0 分）

学习任务 6　ABS 主要元件检测

- 正确描述 ABS 功用、组成及原理。
- 熟知转速传感器的结构与原理。
- 熟知 ABS 指示灯的功用及原理。
- 认知电子控制器。
- 掌握压力调节器三个状态。
- 掌握 ABS 主要元件的故障原因与排除方法。
- 依据厂商规定的技术标准及规范操作要求,完成 ABS 主要元件检测作业。

- ABS 主要元件检测作业。

（一）ABS 功用

ABS 是英文 Anti-lock Braking System 的缩写,意思是防抱死制动系统。ABS 是一种具有车轮防滑、防抱死等优点的汽车安全控制系统。ABS 能使汽车在制动状态下仍能转向,保证汽车制动方向稳定性,防止产生侧滑和跑偏,如图 3-6-1 所示。

（二）ABS 组成

ABS 主要由传感器、电子控制装置和执行器三个部分组成。传感器主要包括车速传感器、前后车轮轮速传感器,执行器主要包括制动压力调节器（液压调节器）、ABS 故障警告灯,电子控制装置主要包括 ABS 的 ECU。如图 3-6-2 所示。

（三）ABS 基本原理

ABS 是提高汽车制动安全性的一个重要装置。当驾驶员踩下制动踏板时,增压器增大

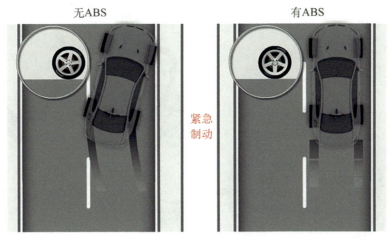

图 3-6-1 ABS

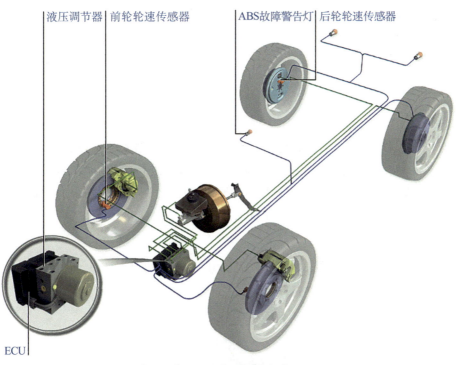

图 3-6-2 ABS 组成

驾驶员作用在制动踏板上的力,传递到制动主缸。制动主缸将人力转变为液压力,分两路送入 ABS 泵。ABS 泵根据车速、路面的附着力等因素调节油压,并将压力适当的油液传入制动轮缸。轮缸将液压力传给制动片,转变成摩擦力实现制动。防抱死制动系统能避免在紧急制动时方向失控及车轮侧滑,使车轮在制动时不被抱死,不让轮胎在一个点上与地面摩擦,从而加大摩擦力。

汽车制动时,车轮抱死,滑移率为 100%,汽车的侧向附着力将大幅降低,造成汽车侧滑和转向失控。若滑移率为 10%～20%,可最大限度利用纵向附着力和一定的侧向附着力,则

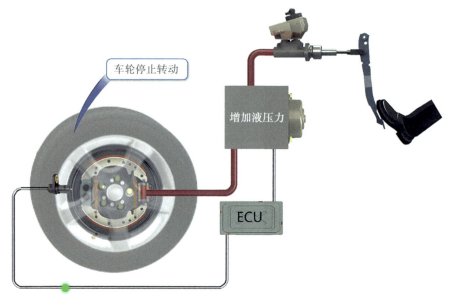

ECU通过控制制动液压力大小,将车轮滑移率保持在稳定区域内,充分发挥制动系统的制动力并且使车轮不完全抱死,保证制动时汽车的安全性。

图 3-6-3 ABS 基本原理

制动效果最佳。

在汽车制动过程中,车轮转速传感器将轮胎的转速信号输入电子控制单元(ECU);ECU根据每个车轮轮速传感器输入的信号对车轮的运动状态进行检测和判定,并形成相应的控制指令,再适时发出控制指令给制动压力调节器;制动压力调节器对各制动轮缸压力进行调节,防止制动时车轮抱死。如图 3-6-3 所示。

(四) 轮速传感器结构

大众宝来轿车采用的是电磁式轮速传感器,其结构如图如图 3-6-4 所示。

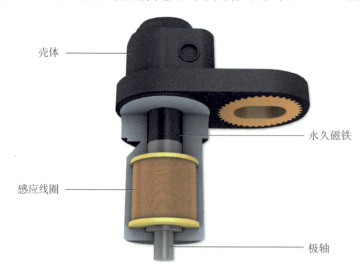

图 3-6-4 轮速传感器结构

(五) 轮速传感器工作原理

车轮齿圈上的孔远离磁极时,磁阻变小,磁通量变大;齿圈上的孔靠近磁极时,磁阻变大,磁通量变小。变化的磁场在传感器线圈中产生了交变电压信号,传输至 ECU,从而判断车轮速度,如图 3-6-5 所示。

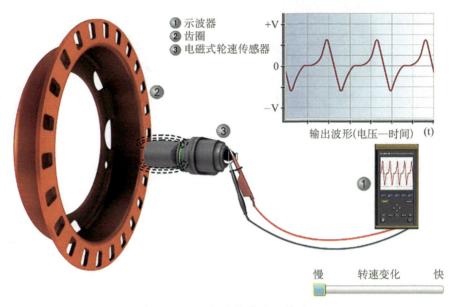

图 3-6-5 轮速传感器工作原理

(六) ABS 指示灯功用

ABS 指示灯用于指示 ABS 的工作情况,常态下处于熄灭状态。当 ABS 异常时,指示灯点亮,如图 3-6-6 所示。

图 3-6-6 ABS 指示灯功用

（七）ABS指示灯工作原理

当ABS出现故障时，ABS控制单元发出信号给ABS指示灯，如图3-6-7所示。

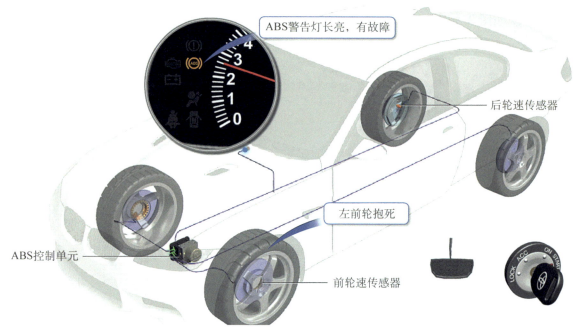

图3-6-7　ABS指示灯工作原理

（八）电子控制器

电子控制器（ECU）具有运算功能，它接收轮速传感器的交流电压信号后，计算出车轮速度，并与参考车速进行比较，得出滑移率及加、减速度。然后对这些信号加以分析，向液压调节器发出控制指令。

（九）压力调节器

压力调节器安装在制动主缸和轮缸之间，由电磁阀和加压油泵组成，并与电子控制器合为一体，如图3-6-8所示。

压力调节器接收电子控制器的指令，由电磁阀、加压油泵和驱动电动机直接或间接地控制制动轮缸油压的增减。

（十）压力调节器工作原理

1. 常规制动

常规制动过程中，ABS不工作。电磁线圈中无电流通过，电磁阀处于"升压"位置，此时制动主缸与轮缸直通，由制动主缸来的制动液直接进入轮缸，轮缸压力随主缸压力而增减。此时回油泵也不需工作，如图3-6-9所示。

2. 保压过程

当轮速传感器发出抱死危险信号时，ECU向电磁线圈通入一个较小的保持电流（约为最

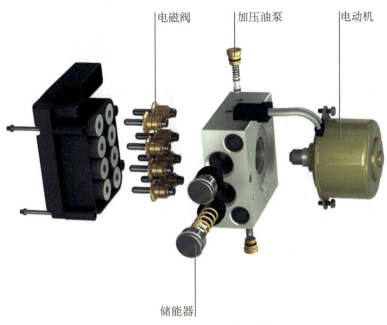

图 3-6-8 压力调节器结构

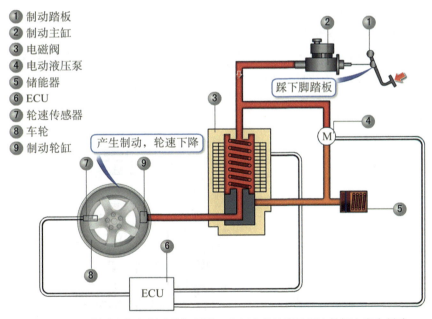

制动主缸与制动轮缸相通,主缸中的油液被压入轮缸中产生制动。

图 3-6-9 常规制动

大电流的 1/2),电磁阀处于"保压"位置。此时主缸、轮缸和回油孔相互隔离密封,轮缸中的制动压力保持一定值。如图 3-6-10 所示。

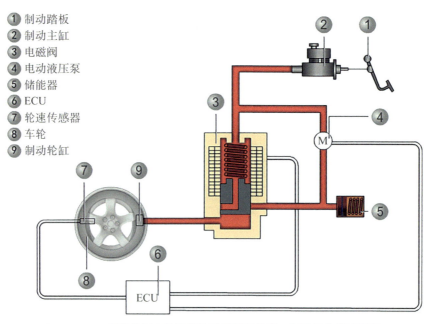

制动轮缸中的油液处于不流通状态,制动压力保持不变。

图 3-6-10 保压过程

3. 减压过程

如果在"保持压力"命令发出后,仍有车轮抱死信号,ECU 即向电磁线圈通入一个最大电流,电磁阀处于"减压"位置。此时电磁阀将轮缸与回油通道或储能器接通,轮缸中制动液经电磁阀流入储能器,轮缸压力下降。如图 3-6-11 所示。

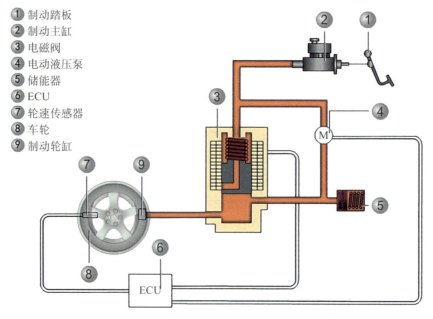

制动轮缸与储能器相通,轮缸中的油液留到储能器,制动压力减小。

图 3-6-11 减压过程

4. 增压过程

当压力下降后车轮加速太快时,ECU 便切断通往电磁阀的电流,主缸和轮缸再次相通,主缸中的高压制动液再次进入轮缸,使制动压力增加,如图 3-6-12 所示。

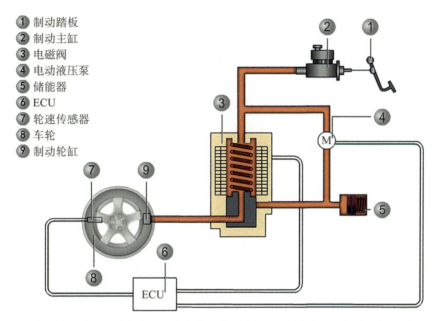

① 制动踏板
② 制动主缸
③ 电磁阀
④ 电动液压泵
⑤ 储能器
⑥ ECU
⑦ 轮速传感器
⑧ 车轮
⑨ 制动轮缸

制动主缸与制动轮缸相通,主缸和储能器中的油压被压入到轮缸中,制动压力增大。

图 3-6-12 增压过程

(十一) ABS 主要元件故障

(1) 转速传感器。

造成传感器故障的主要原因有:

① ABS 传感器感应部分被泥土、泥浆等其他污染源覆盖,影响传感器相应的车速信号。

② ABS 轮速传感器感应线圈有短路、断路或接触不良等现象。

③ 车轮转速传感器信号探头部分安装不牢(松动)或磁极与齿圈之间有异物。

(2) 脉冲环。

脉冲环常见的故障有:安装不牢靠、锈蚀、磁化、使用不当(如:为了防锈涂润滑脂而粘附杂质)、安装不当(如:脉冲环与轮毂不同心)等。

(3) 空气间隙变化。

引起空气间隙变化的原因有:温度变化、传感器吸附铁粉杂质、外来物碰击、车轮偏摆及车轮轴承的损坏和松旷、传感器和脉冲环相对位置的变化等。

(4) 制动压力调节器中的阀有泄漏。

(5) 调压器与电插头连接松动(不牢靠)。

(6) 导线连接松动。

(7) ABS 导线碰伤、线束腐蚀、断裂。

(8) 油泵与相连的管路有漏油现象。

(9) 油泵与电线连接不良或松动（不牢固）。

(10) 油泵电动机线圈的电阻短路或断路。

（十二）ABS 主要元件故障排除

1. 控制器故障排除

检查 ABS 控制器线束插接器有无松动，连接导线有无松脱。若良好，再检测 ABS 控制器线束插接器各端子的电压值、波形、电阻，如果与标准值不符，与之相连的部件和线路正常，则应更换控制器再试。更换控制器就是用替换法试验，即在检查传感器、继电器、电磁阀及其线路均无故障而怀疑 ABS 控制器有故障时，可以用新的控制器替代；如果故障现象消失，则原 ABS 控制器有故障，需要更换。

2. 轮速传感器故障排除

（1）轮速传感器故障排除方法。

检查传感器安装有无松动，导线及线束插接器有无松动。若以上均为正常，应进行传感器电阻的测量，用万用表欧姆档检测传感器感应线圈的电阻。如果电阻过大或过小，均说明传感器不良。若良好，再对其进行信号检测。将汽车举升使车轮悬空，在车轮转动时，用交流电压表测量传感器的输出信号电压，电压表应该有电压指示，其电压值应随车轮的转速的增加而升高，一般情况下，应能达到 2 V 以上。若良好，再对传感器波形进行检查，可用示波器检测传感器的输出信号电压波形，正常的信号电压波形应是均匀稳定的正弦电压波形。如果三项检查有一个不达标，应进行更换。

（2）脉冲环故障排除方法。

脉冲环与车轮旋转件之间应装配牢靠，不得有松动。

脉冲环若磁化严重，应进行退磁处理或更换。

（3）空气间隙故障排除方法。

传感器的空气间隙没有达到要求，会引起传感器工作不良，应对其进行调整，以恢复正常工作状态。

（4）压力调节器故障排除方法。

直观检查，检查压力调节器是否有泄漏现象，检查电插头是否有松动。

用万用表欧姆档检测电磁阀线圈的电阻，电磁阀线圈的阻值为 3—5 Ω。如果电阻无穷大或过小等，均说明其电磁阀有故障。

将汽车顶高地面 10 cm 左右，并支撑牢靠，将变速器置于空档位置；闭合点火开关，踩下制动踏板，由助手扳动车轮，车轮应处于抱死状态；从控制器上拆下线束插头，再给个别制动轮缸的进油阀和出油阀供电，踩下制动踏板后，该车轮不得抱死。

3. ABS 控制继电器故障排除

（1）直观检查，检查电插头是否有松动现象。

（2）检查继电器是否动作。对继电器施加正常的工作电压，看继电器能否正常动作。若能正常动作,则用万用表检测继电器触点间的电压和电阻,正常时触点闭合时的电压应为零。若电压大于 0.5 V 以上,则说明触点接触不良。

(3) 检测继电器线圈电阻。用欧姆表检测继电器线圈的电阻,电阻值应在正常范围之内。

4. ABS 导线故障排除

ABS 的导线及其连接要保证 ABS 有良好的抗外界电磁场干扰的能力。为了便于使用,ABS 的导线颜色也有严格的区分规定,因此导线不可随意更改,特别是控制与传感器间的导线要有一定的屏蔽作用,更不能随意更改。

(1) 检查导线连接是否松动。
(2) 检查导线不得有碰伤、线束腐蚀、断裂。

5. 油泵的故障排除

(1) 检查油泵隔声套是否损坏,如损坏应更换。
(2) 断开点火开关,给储能器泄压。闭合点火开关,油泵电动机运转,且运转时间不超过 60 s。如果电动机运转时间超过 60 s,可能是如下原因所致:油泵电动机继电器不良、储能器预置压力不当、制动系泄漏、储液罐液量少或制动管路阻塞等。检查电源电压,检查电动机导线及连接是否完好,检查油泵电动机线圈的电阻值。

任务实施

(一) 实施方案

1. 质量要求

参照厂家的质量标准要求。

2. 组织方式

每四位同学一组,以大众宝来轿车为例,检测 ABS 主要元件,按照企业岗位操作规范进行作业。

3. 作业准备

(1) 技术要求与标准。

将万用表调到 2 kΩ 档,表笔放在传感器两端进行测量。若不符合规定值,则更换。检测电阻时,点火开关要关闭。

(2) 设备器材(图 3-6-13)。

塞尺

气动扳手

常用工具

扭力扳手

KT600 诊断仪

万用表

图 3-6-13　设备器材

（3）场地设施：理实一体化教室、废气排放装置、消防设施等。

（4）设备设施：大众宝来轿车一辆、工具车、标保工具车、零件车、垃圾桶。

（5）耗材：干净抹布、泡沫清洗剂。

（二）操作步骤

检查轮速传感器

图 3-6-14　电压法测量

1. 检测轮速传感器

（1）电压法测量，如图 3-6-14 所示。

① 用手拔下轮速传感器插头。

② 将万用表调到 20 V 交流电压档，表笔分别放在传感器连接器两端。

③ 转动车轮，读取输入信号电压。

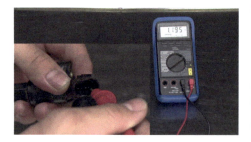

图 3-6-15　电阻法测量

（2）电阻法测量，如图 3-6-15 所示。

① 举升车辆，可靠锁止。

② 用手拔下轮速传感器插头。

③ 去掉轮速传感器固定螺钉，拔出轮速传感器。

④ 用万用表测量轮速传感器的感应线圈的电阻值。

检测电阻时，点火开关一定要关闭。

2. 检测轮速传感器线束

（1）若传感器没有问题，则测量传感器到 ABS ECU 线束的导通状况。

① 导线断路检查。将万用表调到 200 Ω 档，检测线束两端导通状况，如图 3-6-16 所示。（电阻要小于 1 Ω）

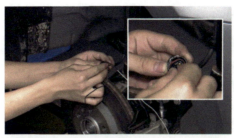

检测轮速传感器线束

图 3-6-16　检测转速传感器线束

② 导线短路检查。将万用表调到 200 Ω 档，检测线束状况，如图 3-6-17 所示。（电阻要大于 10 kΩ，若电阻为 0，则导线与接地短路）

图 3-6-17　导线短路检查

3. 检查传感器齿圈

（1）用塞尺检查传感器与信号盘间的间隙。

（2）检查信号盘有无脏堵，如图 3-6-18 所示。

4. 检查轴承间隙

沿轴向、径向晃动制动盘，感觉轴承间隙有无过大。

检查传感器齿圈

图 3-6-18　检查传感器齿圈

5. 安装轮速传感器

（1）清洁轮速传感器的传感头。

（2）将传感器旋入，紧固到适当力矩，如图 3-6-19 所示。

（3）将传感器插头连接到插座上，并将导线固定。

检查轴承间隙

图 3-6-19　安装轮速传感器

6. 整理工位
(1) 拆除车内护套。
(2) 清洁车辆、场地、设备。

图 3-6-20 整理工位

 任务小结

（一）ABS 功用
ABS 能使汽车在制动状态下仍能转向，保证汽车制动方向稳定性，防止产生侧滑和跑偏。

（二）ABS 组成
ABS 包括压力调节器、电子控制器、轮速传感器和 ABS 故障警告灯。

（三）ABS 工作原理及滑移率
防抱死制动系统能避免在紧急制动时方向失控及车轮侧滑，使车轮在制动时不被抱死，不让轮胎在一个点上与地面摩擦，从而加大摩擦力。

汽车制动时，若滑移率为 10%～20%，可最大限度利用纵向附着力和一定的侧向附着力，则制动效果最佳。

（四）轮速传感器的组成
轮速传感器由壳体、感应线圈、极轴和永久磁铁组成。

（五）轮速传感器的工作原理
轮速传感器的工作原理是变化的磁场在传感器线圈中产生了交变电压信号，传输至 ECU，判断车轮速度。

（六）压力调节器工作的四个过程
常规制动、保压过程、减压过程、增压过程。

（七）ABS 主要元件检测
(1) 检测轮速传感器。
(2) 检测轮速传感器线束。
(3) 检查传感器齿圈。
(4) 检查轴承间隙。
(5) 安装轮速传感器。
(6) 整理工位。

任务评价

（一）课堂练习

1. 判断题

（1）ABS 是一种具有车轮防滑、防抱死等优点的汽车安全控制系统。（　　）

（2）当有 ABS 汽车制动时，车轮抱死，滑移率为 10%～20%。（　　）

（3）ABS 指示灯用于指示 ABS 的工作情况，常态下处于长亮状态。（　　）

2. 单选题

（1）当轮速传感器发出抱死危险信号时，ECU 向电磁线圈通入一个较小的保持电流（约为最大电流的 1/2）时，电磁阀处于（　　）位置。

　　A. 常规　　　　B. 保压　　　　C. 减压　　　　D. 增压

（2）下列哪一种方法不是测量轮速传感器得一种方法？（　　）

　　A. 电压法测量　　B. 电流法测量　　C. 电阻法测量　　D. 直观检查

（二）技能评价（表 3-6-1）

表 3-6-1　技能评价表

序号	内　　容	分值	得分
1	检测轮速传感器	20	
2	检测轮速传感器线束	20	
3	检查传感器齿圈	20	
4	检查轴承间隙	20	
5	安装轮速传感器	10	
6	整理工位	10	
	总分	100	

（注：操作正确即得分，操作错误或未进行操作即 0 分）

学习任务 7　ABS 常见故障诊断

 任务目标

- 正确描述 ABS 常见类型。
- 掌握 ABS 常见故障分析。
- 掌握 ABS 初步检查内容。
- 掌握 ABS 的自诊断内容。
- 掌握快速检查内容。
- 掌握利用故障灯诊断的方法。
- 依据厂商规定的技术标准及规范操作要求，完成 ABS 常见故障诊断检测作业。

 学习重点

- ABS 常见故障诊断检测作业。

 知识准备

（一）ABS 常见类型

ABS 按控制通道数目可分为单通道、双通道、三通道和四通道，如图 3-7-1 所示。

ABS 按控制方式可分为独立控制、同时-低选控制和同时-高选控制，如图 3-7-2 所示。

（二）ABS 常见故障分析

当汽车制动时，汽车防抱死制动系统会根据车轮转速，自动调整制动管内的压力大小，使车轮总是处于边抱死边滚动的滑移状态。尤其是紧急制动时，防抱死制动装置以每秒 6~10 次的频率进行制动——松开——制动的脉冲式制动，用电子智能控制方式代替人工方式，防止车轮抱死，使车轮始终获得最大制动力，并保持转向灵活。车轮要抱死时，降低制动力；而车轮不会抱死时，又增加制动力。如此反复动作，使制动效果最佳。

使用该装置可以减小制动距离，保证制动过程中转向操纵依然有效。尤其是紧急制动时，能充分利用轮胎的峰值附着性能，提高汽车抗侧滑能力，缩短制动距离，充分发挥制动效

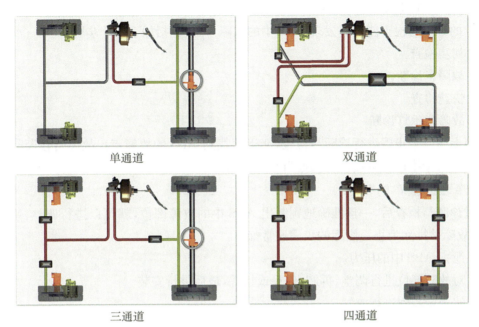

图 3-7-1 ABS 常见类型（按控制通道数目分）

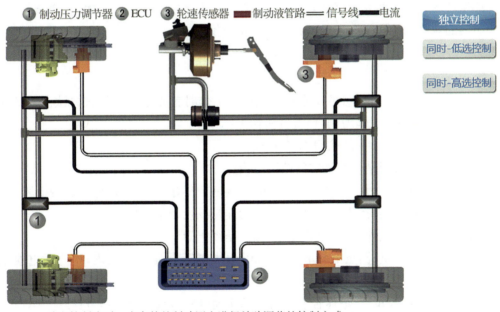

独立控制为对一个车轮的制动压力进行单独调节的控制方式。

图 3-7-2 ABS 常见类型（按控制方式分）

能。使用中，若 ABS 出现故障，警告灯就会点亮，须及时停车处理或修复。

ABS 检修的基本内容包括故障诊断与检查、故障排除与修理、定期保养与维护。根据 ABS 的特点，具有一些特殊的检查、诊断和修理方法。

1. 诊断与检查的基本内容

特定的诊断与检查能及时发现 ABS 中的故障，一般包括如下 4 个步骤：

（1）初步检查。

（2）故障自诊断。

（3）快速检查。

（4）故障指示灯诊断。

按照上述 4 个步骤进行诊断与检查，能迅速找到 ABS 的故障点。故障自诊断是汽车安装电控单元后给维修人员提供的快速自动故障诊断法。

2. 修理的基本内容

通过诊断与检查后，一旦准确地判断出 ABS 中的故障部位，就可以进行调整、修复或换件，直到故障被排除为止。修理的步骤通常如下：

（1）泄去 ABS 中的压力。

（2）对故障部位进行调整、拆卸、修理或换件，最后进行安装。

（3）按规定步骤进行放气。

> **注意事项**
> 如果是轮速传感器或电控单元有故障，可以不进行第一和第三步骤，只需按规定进行传感器的调整、更换，ABS 电控单元损坏只能更换。

（三）初步检查

初步检查是在 ABS 出现明显故障而不能正常工作时首先采取的检查方法。以 ABS 故障指示灯常亮，系统不能工作为例，检查方法如下：

（1）检验驻车制动杆（手刹）是否完全释放。

（2）检查制动液液面是否在规定的范围之内。

（3）检查 ABS 电控单元导线插头、插座的连接是否良好，连接器及导线是否损坏。

（4）检查导线连接器（插头与插座）和导线的连接或接触是否良好。

（5）检查所有的继电器、熔丝是否完好，插接是否牢固。

（6）检查蓄电池容量（测量电解液比重）和电压是否在规定的范围内；检查蓄电池正、负极导线的连接是否牢靠，连接处是否清洁。

（7）检查 ABS 电控单元、液压控制装置等的接地（搭铁）端的接触是否良好。

（8）检查车轮胎面纹槽的深度是否符合规定。

如果用上述方法不能确定故障位置，就可使用 ABS 的自诊断。

（四）ABS 的自诊断

1. 静态自检

点火开关一接通，ABS 的 ECU 立即对其外部电路进行自检，制动警告灯和 ABS 警告灯亮起。若系统正常,警告灯在 2~3 s 内熄灭,自检过程完成;若系统不正常,ABS 警告灯将持续亮起,ECU 将故障信息以代码形式存储,同时关闭 ABS,提示驾驶员应进行检修。

2. 动态自检

汽车行驶达到一定时速后,系统将对诸如电磁阀、回油泵、轮速传感器等进行自检,若发现故障,则点亮 ABS 灯,存储故障码,关闭 ABS。

(五) 快速检查

快速检查一般在自诊断的基础上进行,它是利用专用仪器或万用表等对系统电路和元器件进行连续测试,为故障排除打下基础。

(六) 利用故障灯诊断

利用仪表板上的 ABS 故障警告灯和制动装置警告灯的闪亮规律判断出 ABS 故障发生的部位。

ABS 有两个故障警告灯,一个是红色的制动装置警告灯,一个是黄色的 ABS 故障警告灯。

在以下情况中,两个警告灯会同时点亮:当点火开关接通时,红色制动装置警告灯与黄色 ABS 故障警告灯几乎一同点亮,制动装置警告灯亮的时间较短,ABS 故障警告灯亮的时间稍长;汽车发动机起动后,蓄压器要建立系统压力,此时两警告灯会再亮一次,时间可达几十秒;红色制动装置警告灯在汽车停车后驻车制动时也应点亮。如果在上述情况下灯不亮,说明警告灯本身及警告灯线路有故障,需进行检修排除。

红色制动装置警告灯长亮,说明制动液不足或蓄压器中制动液压力较低。此时,普通制动系统与 ABS 均不能正常工作,要检修故障原因并及时排除。

表 3-7-1 故障警告灯诊断表

警告灯	故障现象	故障原因
ABS 故障警告灯亮	ABS 不起作用	车轮转速传感器故障;压力调节器故障;电子控制装置故障
ABS 故障警告灯不亮	踩制动踏板时,制动踏板有振动	制动开关失效或调整不当;制动开关线路短路;电子控制装置不良;制动鼓失圆;车轮转速传感器信号不良;液压调节装置不良
偶尔或间歇点亮	ABS 作用正常,只要点火开关闭合后再打开,ABS 灯即会熄灭	电控装置插座松动;车速传感器线路受干扰;车轮转速传感器工作不良;车轮轴承松旷;油管内有空气;制动轮缸工作不良
制动装置警告灯亮	制动液不足或驻车制动器拖滞	驻车制动杆没松开;驻车制动调整不当;制动管路或轮缸泄漏;制动装置警告灯搭铁
ABS 故障警告灯和制动装置警告灯亮	ABS 不起作用	两个以上的车轮转速传感器故障;电控装置故障;液压调节器工作不良

任务实施

（一）实施方案

1. 质量要求

参照厂家的质量标准要求。

2. 组织方式

每四位同学一组，以大众宝来轿车为例，ABS主要元件检测，按照企业岗位操作规范进行作业。

3. 作业准备

（1）技术要求与标准。

以大众宝来轿车为例。

（2）设备器材（图3-7-3）。

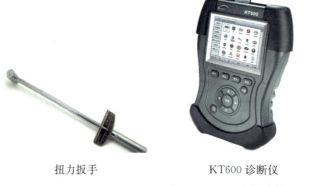 

扭力扳手　　　　　　KT600诊断仪　　　　　　万用表

图3-7-3　设备器材

（3）场地设施：理实一体化教室、废气排放装置、消防设施等。

（4）设备设施：大众宝来轿车一辆、工具车、标保工具车、零件车、垃圾桶。

（5）耗材：干净抹布、泡沫清洗剂。

（二）操作步骤

1. 检查间歇性故障

传感器和ECU之间的连接器和线束中的瞬间中断（断路）可通过使用智能检测仪中的ECU数据表功能检测到。

(1) 将点火开关置于 OFF 位置。
(2) 将智能检测仪连接到 DLC3。
(3) 将点火开关置于 ON 位置。
(4) 接通智能检测仪。
(5) 按照智能检测仪上的指示显示数据表,并选择要监测的瞬间中断部位,如图 3-7-4 所示。

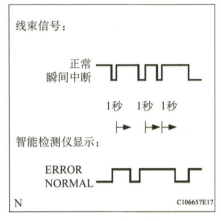

图 3-7-4　检测数据

> **注意事项**
>
> 如将点火开关置于 ON 位置后 3 s 内无法检测到瞬间中断(断路)(初始检查),且这种状态保持不变(显示 ERROR),则检查 ECU 和传感器之间或各个 ECU 之间的导通性。
>
> 线束信号从瞬间中断(断路)变为正常状态后,智能检测仪上的 ERROR 显示会持续 1 s。

(6) 观察屏幕时,轻轻晃动 ECU 和传感器之间或各 ECU 之间的连接器或线束,如图 3-7-5 所示。正常情况下,ERROR 显示不会改变。

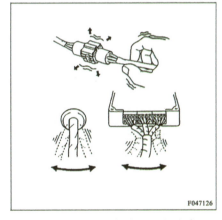

图 3-7-5　检查连接器或线束

> **注意事项**
>
> 如果显示发生变化,连接器和/或线束可能存在瞬间中断(断路)故障,修理或更换有故障的连接器和/或线束。

2. 警告灯初始检查

（1）松开驻车制动杆。

（2）将点火开关置于 ON 位置时，检查并确认 ABS 警告灯和制动警告灯亮起约 3 s。

3. 用测试模式进行传感器检查（信号检查）（使用智能检测仪时）

（1）进入测试模式的程序。

① 将点火开关置于 OFF 位置。

② 检查并确认转向盘处于正前方位置。

③ 检查并确认变速杆置于 P 位（自动传动桥）或已施加驻车制动器（手动传动桥）。

④ 将智能检测仪连接到 DLC3。

⑤ 将点火开关置于 ON 位置。

⑥ 接通智能检测仪。

⑦ 使用智能检测仪将防滑控制 ECU 切换至测试模式，进入以下菜单项：Chassis/ABS/VSC/TRC/Signal Check。

（2）检查并确认在测试模式下 ABS 警告灯亮起数秒钟后闪烁，如图 3-7-6 所示。

（3）检查 ABS 传感器。

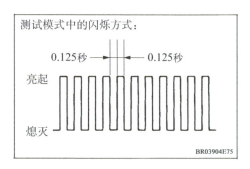

图 3-7-6　ABS 警告灯亮起和熄灭

在测试模式下，检查并确认 ABS 警告灯在闪烁，然后进行检查。

4. 转速传感器检查

（1）将车辆加速到 45 km/h 或更高的速度并持续几秒钟，检查并确认 ABS 警告灯熄灭。

如果车轮出现打滑，传感器检查可能无法完成。

传感器检查已完成且踩下制动踏板时 ABS 警告灯会闪烁。

在转速传感器检查过程中检测到故障后 ABS 警告灯会立即亮起。

(2) 使车辆停止。

如果在转动转向盘或车轮滑转时开始转速传感器检查,转速传感器检查可能无法完成。

ABS 警告灯熄灭后,如果车速超过 80 km/h(50 mile/h),传感器检查代码将被再次存储。应在速度达到 80 km/h(50 mile/h)前减速或停止车辆。

如果传感器检查未完成,行驶时 ABS 警告灯将闪烁且 ABS 不运行。

传感器检查完成后,ABS 警告灯在车辆行驶时熄灭,在车辆静止时以测试模式闪烁方式闪烁。

5. 传感器检查结束

如果传感器检查完成,ABS 警告灯在车辆停止时闪烁(测试模式),在车辆行驶时熄灭。

如果传感器检查未完成,即使在行驶时 ABS 警告灯也将闪烁且 ABS 不运行。

6. 读取传感器检查功能 DTC

(1) 按检测仪上的提示读取 DTC。

(2) 将点火开关置于 OFF 位置,并断开智能检测仪。

7. 车轮转速传感器电路

(1) 检查线束和连接器(瞬间中断)。使用智能检测仪检查线束和连接器有无 DTC 所对应的瞬间中断(表 3-7-2)。

表 3-7-2 智能检测仪显示

检测仪显示	测量项目/范围	正常状态
FR Speed Open	右前轮转速传感器断路检测/ERROR 或 NORMAL	ERROR:瞬间中断 NORMAL:正常
FL Speed Open	左前轮转速传感器断路检测/ERROR 或 NORMAL	ERROR:瞬间中断 NORMAL:正常

(2) 维修或更换线束或连接器(防滑控制 ECU 至前轮转速传感器)。

① 将点火开关置于 OFF 位置。

② 维修或更换线束或连接器。

③ 检查防滑控制 ECU 和前轮转速传感器之间是否有任何瞬间中断现象。

④ 检查并确认无瞬间中断现象。

(3) 再次确认 DTC。

① 将点火开关置于 OFF 位置。

② 清除 DTC。

③ 起动发动机。

④ 以 40 km/h 或更高的速度行驶车辆至少 60 s。

⑤ 检查是否记录同一 DTC。

(4) 读取智能检测仪上的值(前轮转速传感器)。

① 将点火开关置于 OFF 位置。

② 将智能检测仪连接到 DLC3。

③ 起动发动机。

④ 选择智能检测仪上的 Data List 模式(表 3-7-3)。

表 3-7-3 Data List 模式

检测仪显示	测量项目/范围	正常状态	诊断备注
FR Wheel Speed	右前轮转速传感器读数/ 最小：0 km/h (0 mile/h)，最大：326 km/h (202 mile/h)	实际车轮转速	与速度表显示的速度相近
FL Wheel Speed	右前轮转速传感器读数/ 最小：0 km/h (0 mile/h)，最大：326 km/h(202 mile/h)	实际车轮转速	与速度表显示的速度相近

⑤ 驾驶车辆时,检查并确认智能检测仪上显示的转速传感器的输出速度值和速度表上显示的速度值没有差别。

影响所显示车速的因素包括轮胎尺寸、轮胎充气和轮胎磨损。显示在速度表上的速度有一个允许的公差范围。可用速度表检测台进行测试(校准的底盘测功机)

(5) 执行测试模式(信号检查)。

(6) 再次确认 DTC。

① 将点火开关置于 OFF 位置。

② 清除 DTC。

③ 起动发动机。

④ 以 40 km/h(25 mile/h)或更高的速度行驶车辆至少 60 s。

⑤ 检查是否记录同一 DTC。

8. 检查前轮转速传感器的安装情况

(1) 将点火开关置于 OFF 位置。

(2) 检查转速传感器的安装情况。（正常：传感器与前转向节之间无间隙，安装螺母紧固正确。力矩：8.5 N·m）

9. 检查前轮转速传感器端部

(1) 拆下前轮转速传感器。

(2) 检查转速传感器端部。

（正常：传感器端部无划痕或异物）

10. 检查前轮转速传感器

(1) 安装前轮转速传感器。

(2) 确保锁止件和连接器连接部件没有松动。

(3) 断开前轮转速传感器连接器。

(4) 根据表 3-7-4 和表 3-7-5 中的值测量电阻。

表 3-7-4 右侧标准电阻

检测仪连接	条件	规定状态	检测仪连接	条件	规定状态
2(FR+)至车身接地	始终	10 kΩ 或更大	1(FR−)至车身接地	始终	10 kΩ 或更大

表 3-7-5 左侧标准电阻

检测仪连接	条件	规定状态	检测仪连接	条件	规定状态
2(FL+)至车身接地	始终	10 kΩ 或更大	1(FL−)至车身接地	始终	10 kΩ 或更大

11. 检查线束和连接器（防滑控制 ECU 至前轮转速传感器）

(1) 断开防滑控制 ECU 连接器。

(2) 根据表 3-7-6 和表 3-7-7 中的值测量电阻。

表 3-7-6 右侧标准电阻

检测仪连接	条件	规定状态
A66−7(FR+)−A27−2(FR+)	始终	小于 1 Ω
A66−7(FR+)−车身接地	始终	10 kΩ 或更大
A66−6(FR−)−A27−1(FR−)	始终	小于 1 Ω
A66−6(FR−)−车身接地	始终	10 kΩ 或更大

表 3-7-7　左侧标准电阻

检测仪连接	条件	规定状态
A66-7(FL+)至 A27-2(FL+)	始终	小于 1 Ω
A66-7(FL+)至车身接地	始终	10 kΩ 或更大
A66-6(FL-)至 A27-1(FL-)	始终	小于 1 Ω
A66-6(FL-)至车身接地	始终	10 kΩ 或更大

12. 检查防滑控制 ECU(传感器输入)

(1) 重新连接防滑控制 ECU 连接器。

(2) 将点火开关置于 ON 位置。

(3) 根据表 3-7-8 和表 3-7-9 中的值测量电压。

表 3-7-8　右侧标准电压

检测仪连接	条件	规定状态
A27-2(FR+)至车身接地	点火开关置于 ON 位置	8—14 V

表 3-7-9　左侧标准电压

检测仪连接	条件	规定状态
A27-2(FL+)至车身接地	点火开关置于 ON 位置	8—14 V

13. 再次确认 DTC

(1) 将点火开关置于 OFF 位置。

(2) 重新连接前轮转速传感器连接器。

(3) 清除 DTC。

(4) 起动发动机。

(5) 以 40 km/h 或更高的速度行驶车辆至少 60 s。

(6) 检查是否记录同一 DTC。

14. 更换前轮转速传感器

(1) 将点火开关置于 OFF 位置。

(2) 更换前轮转速传感器。

(一) ABS 分类

按控制通道数目可分为单通道、双通道、三通道和四通道;按控制方式可分为独立控制、同时-低选控制和同时-高选控制。

（二）ABS常见故障分析

当汽车制动时，ABS会根据车轮转速，自动调整制动管内的压力大小，使车轮总是处于边抱死边滚动的滑移状态。防抱死制动装置以每秒6—10次的频率进行脉冲式制动，防止车轮抱死，使车轮始终获得最大制动力，并保持转向灵活。

（三）特定的诊断与检查

一般包括4个步骤：初步检查、故障自诊断、快速检查、故障指示灯诊断。

（四）ABS常见故障诊断

（1）检查间歇性故障。
（2）警告灯初始检查。
（3）用测试模式进行传感器检查（信号检查）（使用智能检测仪时）。
（4）转速传感器检查。
（5）传感器检查结束。
（6）读取传感器检查功能DTC。
（7）车轮转速传感器电路。
（8）检查前轮转速传感器的安装情况。
（9）检查前轮转速传感器端部。
（10）检查前轮转速传感器。
（11）检查线束和连接器（防滑控制ECU至前轮转速传感器）。
（12）检查防滑控制ECU（传感器输入）。

任务评价

（一）课堂练习

1. 判断题

（1）ABS按控制通道数目可分为单通道、双通道、三通道和四通道。（　　）
（2）使用ABS可以减小制动距离，保证制动过程中转向操纵依然有效。（　　）
（3）ABS检修的基本内容包括故障诊断与检查、故障排除与修理。（　　）
（4）ABS有两个故障警告灯，一个是红色的制动装置警告灯，一个是黄色的ABS故障警告灯。（　　）
（5）快速检查一般在自诊断之前进行，它是利用专用仪器或万用表等对系统电路和元器件进行连续测试。（　　）

2. 单选题

（1）下面不属于ABS按控制通道数目分类的是（　　）。

A. 单通道　　　B. 双通道　　　C. 五通道　　　D. 四通道

(2) 下面不属于 ABS 按控制方式可分类的是(　　)。

A. 独立控制　　　　　　　　B. 同时-低选控制

C. 同时-高选控制　　　　　　D. 同时控制

(3) 防抱死制动装置进行制动—松开—制动的频率是(　　),这样可以防止车轮抱死,使车轮始终获得最大制动力,并保持转向灵活

A. 6—10 次/s　　　　　　　B. 10—15 次/s

C. 15—20 次/s　　　　　　 D. 20—25 次/s

(二) 技能评价(表 3-7-10)

表 3-7-10　技能评价表

序号	内　　容	分值	得分
1	检查间歇性故障	20	
2	警告灯初始检查	20	
3	用测试模式进行传感器检查	20	
4	检查轮速传感器	20	
5	检查轮速传感器线束和连接器	10	
6	更换前轮转速传感器	10	
	总分	100	

(注:操作正确即得分,操作错误或未进行操作即 0 分)